세밀화로 그린 보리 어린이

버섯 도감

세밀화로 그린 보리 어린이

버섯 도감(보급판)

기획 토박이
글 석순자
그림 권혁도, 김찬우, 이주용, 임병국

초판 개정판 편집 김미선, 김미혜, 이주연 | **교정** 박근자
디자인 이안디자인

편집 김소영, 김용란 | **디자인** 한아람 | **제작** 심준엽
영업마케팅 심규완, 양병희, 윤민영 | **영업관리** 안명선 | **새사업부** 조서연
경영지원실 신종호, 차수민
인쇄 (주)로얄프로세스 | **제본** 과성제책

초판 1쇄 펴낸 날 2012년 5월 4일 | **개정판 1판 3쇄 펴낸 날** 2017년 1월 10일
보급판 1쇄 펴낸 날 2017년 1월 16일 | **7쇄 펴낸 날** 2025년 3월 24일
펴낸이 유문숙
펴낸 곳 (주)도서출판 보리
출판 등록 1991년 8월 6일 제9-279호
주소 (10881) 경기도 파주시 직지길 492
전화 영업 (031) 955-3535, 편집 (031) 950-9542 | **전송** (031) 950-9501
누리집 www.boribook.com | **전자우편** bori@boribook.com

토박이
주소 (04050) 서울특별시 마포구 양화로 156 LG팰리스빌딩 918호
전화 (02)323-7125 | **전송** (02)323-7126 | **전자우편** tobagi3@empal.com

값 25,000원

보리는 나무 한 그루를 베어 낼 가치가 있는지 생각하며 책을 만듭니다.

ISBN 978-89-8428-948-2 76400
ISBN 978-89-8428-901-7(세트)
이 도서의 국립중앙도서관 출판시도서목록(CIP)은 서지정보유통지원시스템 홈페이지(http://seoji.nl.go.kr)와 국가자료공동목록시스템(http://www.nl.go.kr/kolisnet)에서 이용하실 수 있습니다. (CIP 제어번호 : CIP2016029398)

세밀화로 그린 보리 어린이

버섯 도감

새로운 분류에 따라 정리한 우리 버섯 120종

글 석순자 | 그림 권혁도, 김찬우, 이주용, 임병국

보리

차례

우리나라의 버섯

담자균문

머리말

버섯은 우리의 친구

비 온 뒤 숲과 들로 나가 나무 둘레나 그늘진 풀 더미 사이를 가만히 살펴보면 크고 작은 버섯들이 옹기종기 나 있어요. 햇빛이 잘 안 드는 어스레한 숲 속에서 작고 눈부시게 새하얀 버섯을 만나기도 하고, 썩어 들어가는 나무줄기 위에서 돌처럼 단단하게 생긴 커다란 버섯을 만나기도 합니다. 하지만 깊은 숲 속과 넓은 들뿐만 아니라 파헤쳐진 땅이나 길가에 쌓인 자갈 더미, 버려진 쓰레기 더미 위에도 화려한 빛깔을 띤 아름다운 버섯이 무리 지어 피기도 하지요. 또 잔디밭이나 집 정원, 때로는 베란다에 둔 화분에서도 신기하게 생긴 여러 가지 버섯들을 만날 수도 있어요. 이처럼 버섯은 생각보다 우리가 살아가는 곳 가까이에서 우리와 함께 살고 있답니다.

버섯은 보잘것없는 작은 존재이지만 자연 속에서 아주 커다란 역할을 하고 있답니다. 곰팡이, 효모 들과 함께 매일매일 지구 위에 끊임없이 쌓여 가는 죽은 나무, 낙엽, 마른풀, 동물의 죽은 몸 같은 생명이 다한 것들을 썩히고 분해해서 다시 자연으로 되돌려 보내지요. 그래서 다른 생물들이 살아갈 수 있는 양분을 만들어 주어요. 이렇게 자연을 정화시키는 청소부이면서 생태계를 순환시키는 고리 역할을 하고 있지요.

그러니 먹을 수 있는 버섯이라도 숲에서 함부로 따다 먹지도 말고, 보잘것없거나 먹지 못하는 버섯이라도 함부로 짓밟거나 망가뜨리지 말아야겠지요? 버섯은 지구를 깨끗하고 아름답게 지켜 주는 착하고 소중한 우리의 친구니까요.

어린이 여러분이 이 책을 읽고 버섯을 주의 깊게 살펴보는 눈을 가지게 되기를 바랍니다. 아울러 버섯이 우리와 어떤 관계 속에 살아가는지 이해하고 자연을 아끼고 사랑하는 마음도 키울 수 있기를 바랍니다. 그래서 어느 날 우연히 버섯과 마주치게 되었을 때 반가운 친구를 만난 것처럼 가만히 다가가서 이름도 불러 주고 "고맙다, 버섯아." 하고 말도 건네주었으면 참 좋겠어요.

2012년 봄 농촌진흥청 국립농업과학원 농업미생물 팀 석순자

일러두기

지구에는 그 수를 헤아릴 수도 없을 만큼 많은 버섯이 있습니다. 지금까지 알려진 것만도 2만 종 남짓 되고, 우리나라에서는 1,900종 남짓 알려져 있습니다. 그런데 그 많은 버섯 가운데 산과 들에서 발견한 버섯을 도감에서 찾아보기란 여간 어려운 일이 아닙니다. 똑같은 버섯이라도 나는 때, 나는 곳, 온도나 습도 같은 기후와 환경에 따라 색이나 생김새가 많이 달라지기 때문입니다.

이 책에는 우리나라에 나는 버섯 가운데 가려 뽑은 120종을 아름다운 세밀화와 알기 쉬운 정보로 담았습니다. 버섯 세밀화는 생태 그림 작가 권혁도, 김찬우, 이주용, 임병국 선생님이 오랜 기간 동안 그린 것입니다. 직접 산과 들로 나가 취재를 하고, 쉽게 만나기 힘든 희귀 버섯이나 피고 지는 시간이 너무 짧아 취재하기 어려운 버섯들은 국립농업과학원 자료실의 표본과 사진들을 참고하였습니다. 스케치 단계부터 많은 문헌을 검토하고, 국립농업과학원의 석순자 선생님께 감수를 받아 동정하는 데 기준이 되는 특징을 최대한 살려 그렸습니다. 자라는 환경을 보여 주려고 배경도 꼼꼼히 그리고, 어린 버섯 생김새나 닮은 버섯 정보도 곁들였습니다.

이 책에 실린 정보들은 2008년 국제농업생명과학센터(CABI)에서 발간한《Dictionary of the Fungi》제10판에 실린 분류 체계에 따라 정리하였습니다. 과거에는 대부분 겉으로 보이는 생김새에 따라 분류했지만, 지금은 과학 기술의 발달에 따라 DNA 특징, 생화학적 연구, 현미경적 연구 들을 바탕으로 하여 보다 정확한 분류 체계를 잡아 가고 있습니다. 이미 많은 학자들 사이에서 이 분류 체계를 따르는 움직임이 있고, 2009년 이후로 전 세계에서 새로 출간되는 버섯 책들도 거의 새로운 분류 체계를 따르고 있습니다. 이런 움직임에 맞추어 이 책도 새로운 분류 체계에 따라 정리하였습니다.

학명은 index fungorum*의 2016년 6월 기준 현재명(current name)을 따랐습니다. 지금까지 써 온 학명이 현재명과 다른 것은 모두 바로잡았습니다.

2012년에 펴낸 《세밀화로 그린 보리 어린이 버섯 도감》에서는 우리말 이름(한국명)을 한국균학회에서 1978년 발표한 〈한국말 버섯 이름 통일안〉과 2000년 임업연구원에서 발간한 《한국 기록종 버섯 재정리 목록》을 표준으로 삼고, 2008년에 발표된 새로운 분류 체계에 따라 목 · 과 · 속이 달라진 버섯들 가운데 아직 우리말 이름이 발표되지 않은 버섯은 써 오던 이름을 그대로 따르거나 국내에서 발표된 논문과 책을 참고하여 이름을 붙였습니다. 그런데 2013년 12월, 한국균학회 균학용어심의위원회에서 우리나라에 나는 버섯 1,901종의 학명과 우리말 이름을 심의하여 《한국의 버섯 목록》을 발간하였습니다. 〈한국말 버섯 이름 통일안〉이 발표된 이후 여러 가지로 불려 왔던 버섯 이름들이 35년 만에 하나로 정리된 것입니다. 이에 따라 이 책도 우리말 이름 가운데 바뀐 것과 그에 따른 내용을 일부 수정하였습니다.

2016년 겨울 버섯 도감 기획 팀 토박이

*index fungorum은 버섯을 비롯한 모든 균류의 학명과 학명을 지은 사람 이름을 정리한 목록이다. CABI에서 발표한 새로운 분류법에 따라 정리되어 있으며, 인터넷 사이트 www. indexfungorum.org/에서 검색할 수 있다. 국제균학회를 비롯한 수많은 연구 기관과 균류 연구자들이 공동으로 참여하고 있으며 계속해서 최신 정보들로 바꿔 나가고 있다. 그동안 잘못된 분류나 다른 이름으로 불리던 것을 바로잡고 현재 분류 체계에 알맞은 현재명(current name)을 제시하고 있다.

본문 보기

우리말 이름은 학명에 담긴 뜻을 풀어 붙인 것이 많고, 나는 곳에 따라 붙인 이름도 더러 있습니다. 누구든지 보고 버섯이라는 것을 알 수 있도록 버섯 이름 끝에 '버섯'을 붙입니다. 송이, 표고, 느타리, 목이, 노루궁뎅이, 복령 들처럼 '버섯'이 붙지 않은 버섯들도 있는데, 오래전부터 내려오는 이름은 그대로 쓰기로 했기 때문입니다.

학명은 전 세계 사람들이 함께 쓰기로 약속한 이름이며, 국제식물명명규약에 따라 라틴 어로 씁니다. 속명과 종명을 차례로 쓰고 끝에는 학명을 지은 사람 이름을 붙입니다. 속명과 종명은 이탤릭체로 쓰고 속명 첫 글자는 대문자, 종명 첫 글자는 소문자로 씁니다.

Agaricus *arvensis* Schaeff.

속명 종명 학명을 지은 사람 이름

학명 사이에 줄임말이 들어가기도 합니다. var.는 변종(variety)의 줄임말, f.는 품종(form)의 줄임말, subsp.는 아종(subspecies)의 줄임말입니다. 이 줄임말 뒤에 변종명, 품종명, 아종명을 붙이는데 속명이나 종명과 마찬가지로 이탤릭체로 씁니다.

Hygrocybe psittacina var. *psittacina* (Schaeff.) P. Kumm.

본문은 어린이들이나 버섯을 처음 만나는 사람들도 읽고 이해할 수 있도록 쉽게 풀어 썼습니다. 한자로 된 버섯 용어들도 쉬운 우리말로 바꿨습니다. 예를 들어 유균은 어린 버섯으로, 유백색은 허연색, 인편은 비늘 조각 들로 바꾸었습니다. 어쩔 수 없이 전문 용어를 써야 할 때는 *표를 붙이고 글 아래에 풀이를 달거나 '더 알아보기' 에 자세한 설명을 더하였습니다.

색띠는 담자균류와 자낭균류를 다른 색깔로 나누어 나타내었습니다.

정보 상자는 크기, 특징, 분포, 영양 섭취 방법에 따른 구분을 한눈에 알기 쉽게 담았습니다. 크기는 cm 단위로 나타냈습니다. 자실체 전체 너비 또는 갓 지름에 따라 5cm 이하는 소형, 5~10cm는 중형, 10cm 이상은 대형으로 나누었습니다. 특징에는 다른 버섯과 구별되는 점을 간단히 적었고, 분포에는 전 세계 어느 곳에서 자라는지 지역 이름을 나열하였습니다. 구분은 영양을 섭취하는 방법에 따라 분해균과 기생균, 그리고 공생균으로 표시하였습니다.

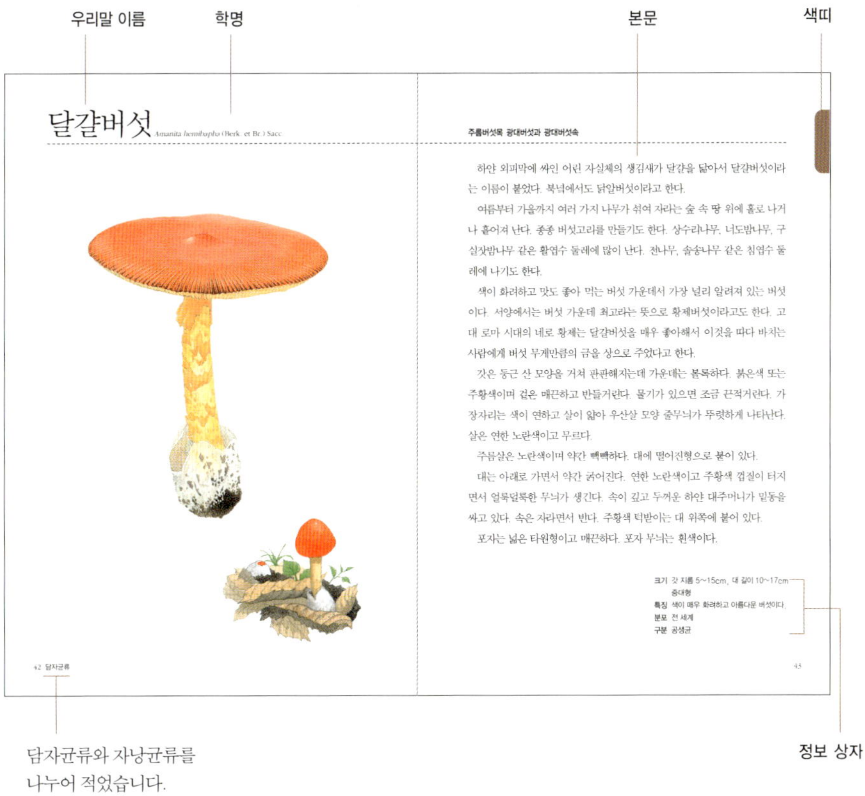

담자균문

주름버섯목	주름버섯과	주름버섯속	주름버섯	
			진갈색주름버섯	
			흰주름버섯	
		말징버섯속	말징버섯	
		먹물버섯속	먹물버섯	
		주름찻잔버섯속	좀주름찻잔버섯	
		낭피버섯속	참낭피버섯	
		말불버섯속	말불버섯	
		큰갓버섯속	큰갓버섯	
	광대버섯과	광대버섯속	개나리광대버섯	
			고동색우산버섯	
			긴골광대버섯아재비	
			달걀버섯	
			독우산광대버섯	
			마귀광대버섯	
			뱀껍질광대버섯	
			붉은점박이광대버섯	
			비탈광대버섯	
			파리버섯	

국수버섯과	국수버섯속	자주국수버섯	 
	쇠뜨기버섯속	쇠뜨기버섯	
먹물버섯과	말똥버섯속	검은띠말똥버섯	 
		말똥버섯	
끈적버섯과	끈적버섯속	진흙끈적버섯	
외대버섯과	외대버섯속	삿갓외대버섯	 
	꼭지버섯속	노란꼭지버섯	
졸각버섯과	졸각버섯속	자주졸각버섯	 
		졸각버섯	
벚꽃버섯과	연기버섯속	배불뚝이연기버섯	 
	꽃버섯속	이끼꽃버섯	
땀버섯과	땀버섯속	솔땀버섯	
만가닥버섯과	덧부치버섯속	덧부치버섯	 
	만가닥버섯속	잿빛만가닥버섯	
낙엽버섯과	낙엽버섯속	종이꽃낙엽버섯	 
		큰낙엽버섯	
애주름버섯과	애주름버섯속	맑은애주름버섯	
		적갈색애주름버섯	
	이끼살이버섯속	이끼살이버섯	
화경버섯과	밀버섯속	애기밀버섯	 
	표고속	표고	

		화경버섯속	화경버섯	
	뽕나무버섯과	뽕나무버섯속	뽕나무버섯	 
			뽕나무버섯부치	
		팽나무버섯속	팽나무버섯	 
		끈끈이버섯속	끈적끈끈이버섯	
	느타리과	느타리속	느타리	
	난버섯과	난버섯속	노란난버섯	 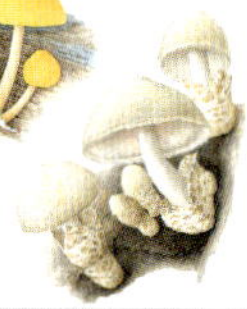 
		비단털버섯속	풀버섯	
			흰비단털버섯	
	눈물버섯과	갈색먹물버섯속	황갈색먹물버섯	  
		두엄먹물버섯속	두엄먹물버섯	
		큰눈물버섯속	큰눈물버섯	
	포도버섯과	개암버섯속	개암버섯	 
			노란개암버섯	
		미치광이버섯속	갈황색미치광이버섯	 
		비늘버섯속	검은비늘버섯	
			침비늘버섯	 
		포도버섯속	털받이포도버섯	
	송이과	깔때기버섯속	하늘색깔때기버섯	  
		애기버섯속	콩애기버섯	
		자주방망이버섯속	민자주방망이버섯	

		송이속	송이	
			족제비송이	
			할미송이	
		솔버섯속	솔버섯	
그물버섯목	그물버섯과	그물버섯속	산속그물버섯아재비	
		껄껄이그물버섯속	접시껄껄이그물버섯	
		민그물버섯속	노란길민그물버섯	
		갓그물버섯속	갓그물버섯	
		귀신그물버섯속	귀신그물버섯	
		씨그물버섯속	황금씨그물버섯	
	먼지버섯과	먼지버섯속	먼지버섯	
	못버섯과	못버섯속	못버섯	
		마개버섯속	큰마개버섯	
	비단그물버섯과	비단그물버섯속	비단그물버섯	
			황소비단그물버섯	
꾀꼬리버섯목	꾀꼬리버섯과	꾀꼬리버섯속	꾀꼬리버섯	
방귀버섯목	방귀버섯과	방귀버섯속	테두리방귀버섯	
나팔버섯목	나팔버섯과	나팔버섯속	나팔버섯	
		싸리버섯속	싸리버섯	
소나무비늘버섯목	소나무비늘버섯과	시루뻔버섯속	자작나무시루뻔버섯	
		진흙버섯속	목질진흙버섯	

			진흙버섯
		층층버섯속	층층버섯
말뚝버섯목	말뚝버섯과	새주둥이버섯속	오징어새주둥이버섯
		말뚝버섯속	노랑망태버섯
			말뚝버섯
			망태말뚝버섯
		세발버섯속	세발버섯
구멍장이버섯목	잔나비버섯과	잔나비버섯속	소나무잔나비버섯
	불로초과	불로초속	불로초
			잔나비불로초
	왕잎새버섯과	잎새버섯속	잎새버섯
	아교버섯과	침버섯속	침버섯
	구멍장이버섯과	조개껍질버섯속	때죽조개껍질버섯
		새잣버섯속	새잣버섯
		송편버섯속	구름송편버섯
		구멍버섯속	복령
무당버섯목	노루궁뎅이과	노루궁뎅이속	노루궁뎅이
	무당버섯과	젖버섯속	배젖버섯
			젖버섯
			흰주름젖버섯
		무당버섯속	기와버섯

			수원무당버섯
			절구무당버섯
			청머루무당버섯
사마귀버섯목	노루털버섯과	굴뚝버섯속	흰굴뚝버섯
		노루털버섯속	향버섯
	사마귀버섯과	까치버섯속	까치버섯
흰목이목	흰목이과	흰목이속	흰목이

자낭균문

고무버섯목	균핵버섯과	양주잔버섯속	오디균핵버섯
주발버섯목	게딱지버섯과	마귀곰보버섯속	마귀곰보버섯
	안장버섯과	안장버섯속	긴대안장버섯
	곰보버섯과	곰보버섯속	곰보버섯
	털접시버섯과	들주발버섯속	들주발버섯
	술잔버섯과	작은입술잔 버섯속	털작은입술잔버섯
동충하초목	동충하초과	동충하초속	동충하초
		나방꽃동충하초속	나방꽃동충하초
	잠자리 동충하초속과	포식동충하초속	벌포식동충하초
			큰매미포식 동충하초

우리나라의 버섯

긴 장마가 끝나면 산에 들에 버섯이 피어납니다. 버섯은 썩은 나무줄기에서도 나고 풀숲에서도 나지요. 금방 시드는 버섯도 있고 여러 해를 사는 버섯도 있답니다. 먹을 수 있는 버섯도 있고 먹으면 안 되는 독버섯도 있어요. 재미있게 생긴 버섯도 많지요.

우리나라에 자라는 수많은 버섯 가운데 가려 뽑은 120종을 만나 보아요.

담자균문

담자균은 담자기에서 포자를 만드는 무리이다. 담자기란 포자를 메고 있는 그릇이라는 뜻으로 위쪽에 포자를 달고 있다. 우리가 흔히 알고 있는 송이, 표고, 느타리 들을 비롯한 대부분의 버섯들이 담자균이다.

주름버섯 *Agaricus campestris* L.

주름버섯은 여름부터 가을까지 풀밭, 잔디밭, 목장같이 풀이 많고 거름기가 많은 땅에 무리 지어 난다. 종종 버섯고리를 만들기도 한다. 흰주름버섯과 닮았으나 크기가 약간 작다. 북녘에서는 들버섯이라고 한다.

먹는 버섯으로 맛도 좋고 향도 좋아 서양에서는 오래전부터 먹어 왔다. 주름살 색이 흰색이거나 연분홍빛을 띠는 어린 버섯을 먹는다. 우리가 자주 먹는 양송이는 이 주름버섯을 인공 재배한 것이다.

갓은 어릴 때는 둥근 산 모양이다. 자라면서 가운데가 볼록하면서 판판하게 핀다. 흰색이고 차차 연한 노란빛이나 연분홍빛을 띤다. 겉은 가는 실 모양 비늘 조각으로 덮여 있고 반들거린다. 살은 흰색이며 두껍고 단단하다. 문질러 보면 약간 붉은빛을 띠다가 검붉은 색으로 변한다.

주름살은 흰색 또는 연분홍색이다. 자라면서 차차 자줏빛을 띤 갈색이 되었다가 마침내는 검은 갈색이 된다. 빽빽하며 대에 떨어진형으로 붙어 있다. 주름살 날은 턱받이 흔적인 고운 가루가 붙어 있다.

대는 위아래 굵기가 같거나 아래가 약간 굵다. 흰색이고 자라면서 연한 갈색이 되며, 손으로 문질러 보면 연한 붉은색으로 변한다. 겉에는 가는 비늘 조각이 붙어 있다. 속은 어릴 때는 차 있고 단단하지만 다 자라면 약간 빈다. 턱받이는 대 위쪽 또는 중간쯤에 붙어 있다. 흰색이고 얇은 막 모양이며 쉽게 떨어져 나간다.

포자는 타원형이고 매끈하다. 포자 무늬는 자줏빛을 띤 갈색이다.

크기 갓 지름 3~10cm, 대 길이 3~9cm
중형
특징 문지르면 연한 붉은색으로 변한다.
분포 전 세계
구분 분해균

진갈색주름버섯

Agaricus subrutilescens (Kauffman) Hotson & D.E. Stuntz

진갈색주름버섯은 여름부터 가을까지 여러 가지 나무가 섞여 자라는 숲이나 대숲의 땅 위에 홀로 나거나 흩어져 난다. 종종 버섯고리를 만들기도 한다. 흔한 버섯이다.

독버섯으로 먹으면 심한 위통을 일으킨다. 광비늘주름버섯과 닮았으나 갓 위에 있는 갈색 비늘 조각이 광비늘주름버섯은 거무스름한 빛을 띠는 것과는 달리 진갈색주름버섯은 자줏빛을 띤다.

갓은 어릴 때는 둥근 산처럼 생겼고 자라면서 판판해진다. 흰색 바탕에 실처럼 가늘고 자줏빛을 띤 갈색 비늘 조각이 빽빽하게 덮여 있다. 겉은 매끈하고 반들거린다. 갓이 점점 펴지면 겉이 갈라지면서 비늘 조각들이 손거스러미처럼 일어나 흩어진다. 갈라진 비늘 조각 사이로 하얀 바닥이 드러나 색이 연해진다. 갓 가운데 부분은 처음부터 판판해서 비늘 조각이 갈라지지 않고 빽빽하게 덮고 있어 색이 진하다. 살은 약간 두껍고 흰색이다.

주름살은 흰색이다가 차차 분홍색으로 변하고 포자가 익으면 검은빛을 띤 갈색이 된다. 빽빽하며 대에 떨어진형으로 붙어 있다.

대는 아래로 가면서 약간 굵어진다. 흰색이며 턱받이 위쪽은 매끈하고 아래쪽은 손거스러미 같은 비늘 조각이 붙어 있다. 속은 차 있다. 커다란 턱받이는 대 위쪽 또는 중간쯤에 붙어 있다. 희고 얇은 막 모양이다.

포자는 타원형이며 매끈하다. 포자 무늬는 어두운 갈색이다.

크기 갓 지름 5~15cm, 대 길이 6~20cm
중대형

특징 갓 비늘 조각이 자갈색이다.

분포 우리나라, 일본, 중국, 북아메리카

구분 분해균

흰주름버섯 *Agaricus arvensis* Schaeff.

흰주름버섯은 여름부터 가을까지 풀밭, 길가, 숲 언저리나 들판에 홀로 나거나 무리 지어 난다. 종종 버섯고리를 만들기도 한다. 큰 것은 갓 지름이 20cm에 이를 만큼 커서 북녘에서는 큰들버섯이라고 한다.

먹는 버섯으로 맛과 향이 좋다. 갓이 반쯤 핀 어린 버섯이나 주름살이 흰색 또는 살구색인 것을 먹는다.

갓은 어릴 때는 둥글거나 둥근 산 모양이고 가장자리가 안쪽으로 말려 있다. 자라면서 판판해지는데 가운데는 약간 볼록하다. 흰색이고 가운데는 연한 노란빛을 띠는데 문질러 보면 노란색으로 변한다. 겉은 매끈하고 반들거린다. 때로 아주 가는 실 모양 비늘 조각이 붙어 있다. 가장자리에는 주름살을 싸고 있던 내피막 자투리가 너덜너덜 남아 붙어 있기도 한다. 살은 두껍고 흰색이며 차차 연한 노란색이 된다.

주름살은 처음에는 흰색이다가 자라면서 연한 살구색을 거쳐 검붉은 갈색이 된다. 빽빽하며 대에 떨어진형으로 붙어 있다.

대는 원통형으로 밑동이 약간 부풀었다. 흰색이며 겉에는 가는 비늘 조각이 있다. 문지르거나 칼로 베어 보면 노란색으로 변한다. 속은 비어 있다. 하얀 턱받이는 대 위쪽에 붙어 있다. 얇고 커다란 턱받이는 윗면은 매끈하나 아랫면은 솜 부스러기 모양이다. 드물게 두 겹인 것도 있다.

포자는 타원형이고 매끈하다. 포자 무늬는 검붉은 갈색이다.

크기 갓 지름 8~20cm, 대 길이 7~15cm
중대형

특징 문지르면 노란색으로 변한다.

분포 전 세계

구분 분해균

말징버섯 *Calvatia craniiformis* (Schwein.) Fr.

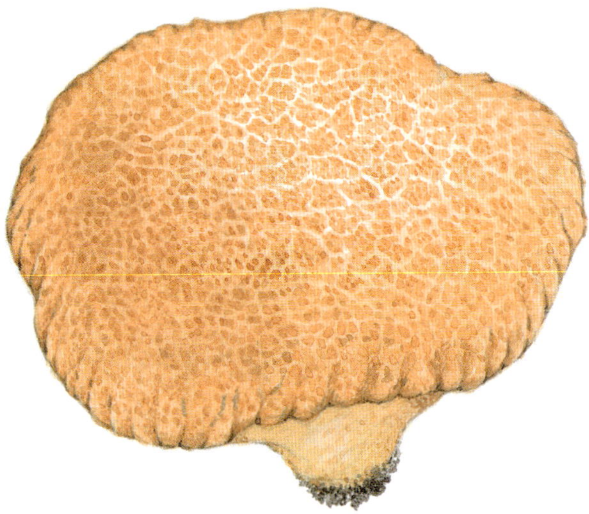

자라는 모습

말발굽에 박는 징처럼 생겼다고 말징버섯이라는 이름이 붙었다. 다 자란 버섯은 갓에 쭈글쭈글한 주름이 생기는데, 이 주름 생김새가 뇌를 닮았다고 북녘에서는 두뇌버섯 또는 두뇌먼지버섯이라고 한다.

여름부터 가을까지 활엽수 숲 속 땅 위나 거름기가 많은 땅에 홀로 나거나 무리 지어 난다.

먹는 버섯으로 생김새와는 달리 맛이 좋다. 속살이 희고 탱탱한 어린 버섯을 먹는다. 약간 매운 맛이 있다. 피를 멈추게 하는 성질이 있어 옛날에는 상처에 포자를 바르거나 코피가 날 때 버섯으로 콧구멍을 막기도 했다.

자실체 머리는 둥글넓적하고 큰 것은 어른 주먹만 하다. 머리는 연한 황갈색에서 차차 진해지며 겉에는 아주 고운 가루 같은 비늘 조각이 덮여 있다. 자라면서 쭈글쭈글한 주름이 많이 생기고 겉껍질이 터지면서 얼룩이 생긴다. 속껍질 안에 들어 있는 살*은 처음에는 희고 탱탱한데, 차차 황갈색으로 변하고 고약한 냄새를 풍기면서 녹는다. 물기가 마르면 솜 부스러기 모양의 갈색 포자 덩어리가 된다. 겉껍질과 속껍질이 떨어져 나가면 겉으로 드러나 가벼운 바람에도 부서져 날리며 포자를 퍼뜨린다.

대는 짧고 굵으며 밑동은 가늘다. 황갈색이고 겉은 매끈하다. 머리 부분이 다 부스러져 없어져도 대는 오래 남는다. 속은 희고 구멍이 많아 스펀지 같다.

포자는 둥글며 매끈하거나 작은 돌기가 있다. 포자 무늬는 연한 갈색이다.

* 기본체(gleba) 또는 조직이라고도 한다.

크기 자실체 지름 5~8cm, 높이 5~10cm
중형
특징 자실체가 알전구처럼 생겼다.
분포 우리나라, 일본, 중국, 북아메리카
구분 분해균

먹물버섯 *Coprinus comatus* (O.F.Müll.) Pers.

주름살이 먹물 같은 시커먼 물로 녹아내린다고 먹물버섯이라는 이름이 붙었다. 유럽에서는 잉크버섯이라고 부르는데, 옛날에는 이 물을 받아 잉크로 썼다고 한다. 북녘에서는 비늘먹물버섯이라고 한다.

봄부터 가을까지 목장이나 밭 또는 거름기가 많은 풀밭, 공원, 길가 땅 위에 무리 지어 나거나 뭉쳐난다.

먹는 버섯으로 갓이 피기 전 어린 버섯을 먹는다. 약한 독성분이 있으므로 반드시 익혀 먹어야 한다.

갓은 어릴 때는 달걀이나 솜방망이를 세워 놓은 것처럼 대를 거의 덮고 있다가 자라면서 종 모양으로 핀다. 겉에는 흰색 또는 연한 황토색을 띠는 실처럼 가는 비늘 조각이 빽빽하게 덮여 있다. 갓이 피면서 조각조각 갈라져 거칠고 뚜렷한 거스러미 모양이 된다. 살은 얇고 흰색이다.

주름살은 처음에는 흰색이지만 살구색, 갈색을 거쳐 검은색이 된다. 검게 변한 주름살은 가장자리부터 녹아내리고 얇은 갓은 위로 말린다. 녹아 내린 검은 물 안에 포자가 있는데, 벌레 몸에 묻어서 이곳저곳으로 퍼진다. 주름살은 빽빽하며 대에 끝붙은형 또는 떨어진형으로 붙어 있다.

대는 밑동이 굵고 위로 가면서 가늘어진다. 흰색이고 겉에는 실 같은 세로줄이 있다. 속은 비어 있다. 턱받이는 조금 아래쪽에 붙어 있다. 고리처럼 둥글고 위아래로 움직일 수 있으며 쉽게 떨어져 나간다.

포자는 타원형이고 매끈하다. 포자 무늬는 검은색이다.

크기 갓 2~5×4~10cm, 대 길이 14~25cm
중형
특징 주름살이 먹물처럼 녹아내린다.
분포 전 세계
구분 분해균

좀주름찻잔버섯 *Cyathus stercoreus* (Schwein.) De Toni

좀주름찻잔버섯은 찻잔 또는 컵 모양으로 생긴 아주 작은 버섯이다. 북녘에서는 밭도가니버섯이라고 한다.

늦여름부터 가을까지 썩은 나무, 거름기가 많은 땅, 소나 말의 똥, 왕겨 또는 퇴비를 쌓아 둔 곳에 아주 많은 수가 무리 지어 난다. 숲에서는 거의 볼 수 없고 사람이 생활하는 곳 가까이에 흔히 난다.

약용 버섯으로 옛날에는 소화가 잘 안 되거나 위가 쓰릴 때 달여 마시거나 가루로 만들어 먹었다.

어릴 때는 공처럼 생겼고 딱딱한 껍질에 싸여 있다. 껍질은 세 겹으로 되어 있는데, 겉껍질은 빳빳한 황갈색 털로 빽빽하게 덮여 있다. 자라면서 꼭대기에 있는 구멍이 점점 벌어지면서 찻잔 모양이 된다. 다 자라면 구멍을 덮고 있던 하얀 막이 찢어지면서 속이 드러난다. 자실체 안쪽 면은 푸르스름한 회색이고 반들반들하다. 바닥에는 지름이 1.5mm쯤 되는 아주 작고 동글납작한 까만 알*이 30~35개 들어 있다. 이 알 속에 포자가 들어 있다.

알은 얇은 막으로 싸여 있고 뒷면에 붙은 끈끈한 끈으로 탯줄처럼 바닥에 이어져 있다. 자실체 속에 빗방울이 떨어지면 튕겨 나가 둘레에 있는 풀에 들러붙는다. 얇은 막이 찢어지면서 포자가 퍼지는데, 이 풀을 먹은 동물들이 여기저기 똥을 누면서 멀리까지 퍼지기도 한다.

포자는 알 모양이나 타원형이고 매끈하다. 포자 무늬는 흰색이다.

* 소피자(peridiole)라고 한다.

크기 자실체 지름 0.5~0.8cm, 높이 0.8~1cm
소형
특징 자실체 속에 까만 알이 들어 있다.
분포 전 세계
구분 분해균

참낭피버섯 *Cystoderma amianthinum* (Scop.) Fayod

참낭피버섯을 북녘에서는 주름우산버섯이라고 한다.

여름부터 가을까지 잣나무, 전나무, 가문비나무 같은 침엽수가 자라는 숲 속 땅 위나 풀밭에 난다. 낙엽을 썩히는 버섯으로 홀로 나거나 적은 수가 모여 난다. 종종 둥글게 버섯고리를 만들기도 한다.

독이 없어 먹을 수는 있지만 살이 잘 부스러지고 맛도 별로 없는 데다가 크기도 작아 그다지 먹을 만한 버섯이 못 된다.

갓은 어릴 때는 원뿔이나 둥근 산 모양이다. 자라면서 가장자리가 펴져 판판해지는데 가운데는 여전히 볼록하다. 연한 등황색 또는 황갈색이며 겉에는 같은 색의 가루나 작은 알갱이 모양 비늘 조각이 빽빽하게 붙어 있다. 자라면서 점점 우산살 모양으로 뚜렷한 주름이 생긴다. 가장자리에는 톱니 모양 하얀 내피막 자투리가 너덜너덜 붙어 있다. 살은 얇고 연한 노란색이다.

주름살은 흰색이고 점점 연한 노란색이 된다. 빽빽하며 대에 끝붙은형으로 붙어 있다.

대는 위아래 굵기가 비슷하거나 아래가 약간 굵다. 턱받이 위쪽은 흰색이고 겉에는 솜 부스러기 같은 비늘 조각이 붙어 있다. 턱받이 아래쪽은 갓과 색이 같고, 겉은 갓에 있는 것과 같은 비늘 조각이 빽빽하게 붙어 있다. 속은 비어 있다. 턱받이는 대 위쪽에 붙어 있는데 뚜렷하지 않고 만지면 쉽게 떨어져 나간다.

포자는 긴 타원형이며 매끈하다. 포자 무늬는 흰색 또는 연한 노란색이다.

크기 갓 지름 2~5cm, 대 길이 3~5cm
소형

특징 알갱이 모양 비늘 조각이 붙어 있다.

분포 북반구 지역

구분 분해균

말불버섯 *Lycoperdon perlatum* Pers.

먼지버섯이라고도 한다. 생김새와 포자를 퍼뜨리는 방법이 특이하다. 머리 꼭대기에 난 작은 구멍으로 포자를 내뿜는데, 그 모습이 늑대가 방귀 뀌는 것 같다고 학명에 '늑대 방귀'라는 뜻이 들어 있다. 북녘에서는 머리 꼭대기가 살짝 솟은 모습이 꽃봉오리를 닮았다고 봉오리먼지버섯이라고 한다.

여름부터 늦가을까지 숲 속 땅 위, 풀밭, 밭, 길가 등 어디에나 흔히 나는 버섯으로 흩어져 나거나 무리 지어 난다.

먹는 버섯으로 매운맛이 나지만 맛이 좋다. 살이 희고 탱탱한 어린 버섯을 먹는다. 가끔 어린 광대버섯을 말불버섯으로 잘못 알고 먹어서 중독 사고가 일어나기도 한다.

머리는 둥글며 가운데가 조금 볼록하다. 흰색이고 자라면서 회색빛이 도는 갈색이 된다. 윗면에는 가시처럼 뾰족한 크고 작은 암갈색 돌기가 붙어 있는데, 특히 정수리 쪽에 빽빽하게 모여 있다. 돌기는 쉽게 떨어져 나가는데, 그 흔적이 곰보 자국처럼 남아 그물 무늬를 이룬다. 옆면과 아래쪽에는 세로 주름이 있고 알갱이나 가루 모양 작은 돌기가 붙어 있다. 살은 희고 탱탱하나 차차 푸르스름한 갈색으로 변하고 고약한 냄새를 풍기면서 녹는다. 물기가 마르면 솜 부스러기 같은 회갈색 포자 덩어리가 된다. 포자는 갓 꼭대기에 난 작은 구멍으로 연기처럼 뿜어져 나온다.

대는 흰색이고, 속은 구멍이 많아 마치 스펀지 같다.

포자는 둥글고 작은 돌기가 있다. 포자 무늬는 갈색이다.

크기 자실체 지름 2~4cm, 높이 3~6cm
소형
특징 먼지 같은 포자를 내뿜는다.
분포 전 세계
구분 분해균

큰갓버섯 *Macrolepiota procera* (Scop.) Singer

큰갓버섯은 갓버섯이라고도 한다. 큰 것은 갓 지름이 30cm나 되고 키도 40cm가 넘을 정도로 아주 커서 눈에 잘 띈다. 학명도 '키가 큰 커다란 갓버섯' 이라는 뜻이다. 북녘에서는 큰우산버섯 또는 종이우산버섯이라고 한다.

여름부터 가을까지 숲 언저리, 풀밭, 목장, 대숲의 땅 위에 홀로 나거나 흩어져 난다. 말똥이나 소똥 위에 나기도 한다. 우리나라 어디에서나 볼 수 있는 흔한 버섯이다.

먹는 버섯으로 맛이 꽤 좋고 향도 진하다. 그러나 날것을 먹으면 중독될 수 있으며, 독성분이 강한 독흰갈대버섯과 나는 곳이 같고 생김새도 아주 닮아서 자칫 잘못 알고 먹을 수도 있으니 주의해야 한다.

갓은 어릴 때는 달걀처럼 생겼다. 자라면서 가운데가 볼록하면서 판판하게 핀다. 바탕색은 연한 회갈색이다. 갓이 펴지면서 겉을 싸고 있던 갈색 겉껍질이 터져 크고 작은 비늘 조각이 되어 가장자리 쪽으로 흩어진다. 살은 희고 두꺼우며 다 자라면 솜처럼 되면서 탄력이 생긴다.

주름살은 흰색이며 빽빽하다. 대에 떨어진형으로 붙어 있다.

대는 가늘고 길며 밑동이 둥글게 부풀었다. 갈색 겉껍질이 터지면서 얼룩덜룩한 뱀 껍질 무늬를 이룬다. 속은 비어 있다. 턱받이는 대 위쪽에 붙어 있다. 고리 모양의 두꺼운 턱받이는 손으로 잡고 위아래로 움직일 수 있다.

포자는 타원형이고 매끈하다. 포자 무늬는 흰색이다.

크기 갓 지름 7~20cm, 대 길이 15~30cm 대형
특징 키가 아주 크고 대에 얼룩무늬가 있다.
분포 전 세계
구분 분해균

개나리광대버섯 *Amanita subjunquillea* S. Imai

갓 색이 개나리꽃 색을 닮아 개나리광대버섯이라는 이름이 붙었다.

독버섯으로 중독되면 목숨을 잃을 만큼 아주 독성이 강하다. 먹은 지 10~20시간이 지나면 심한 복통과 함께 토하거나 설사를 한다. 이런 증상이 나타나면 이미 온몸에 독이 퍼진 것이니 빨리 병원으로 옮겨 치료를 받아야 한다. 먹는 버섯인 노란달걀버섯과 닮았고 삶아도 독이 없어지지 않아 중독 사고가 많이 난다.

여름부터 가을까지 침엽수 숲이나 활엽수 숲 속 땅 위에 홀로 나거나 흩어져 난다. 보기 드문 버섯이다.

갓은 어릴 때는 원뿔 모양이다. 자라면서 둥근 산 모양을 거쳐 판판해지는데 가운데는 약간 볼록하다. 노란색이며 가운데는 조금 칙칙한 주황색 또는 황토색을 띤다. 겉에는 가는 비늘 조각이 빗으로 빗어 놓은 것처럼 가지런하게 우산살 모양으로 붙어 있다. 물기를 머금으면 조금 끈적거린다. 살은 희고 단단하다.

주름살은 흰색이며 약간 빽빽하다. 대에 떨어진형으로 붙어 있다.

대는 가늘고 밑동이 둥글게 부풀었다. 흰색 또는 연한 노란색이고 겉에는 노란색 또는 황갈색 가는 비늘 조각이 퍼져 있다. 희고 얇은 대주머니가 밑동을 싸고 있다. 속은 비어 있다. 희고 얇은 턱받이는 대 위쪽에 붙어 있다.

포자는 둥글고 매끈하다. 포자 무늬는 흰색이다.

크기 갓 지름 3~8cm, 대 길이 5~11cm
중형
특징 갓 가운데는 칙칙한 황토색을 띤다.
분포 우리나라, 일본
구분 공생균

고동색광대버섯 *Amanita fulva* Fr.

갓 색이 고동색이라고 고동색광대버섯이라는 이름이 붙었다. 그러나 학명이 '선명한 노란빛을 띤 갈색 버섯'이라는 뜻을 지닌 것처럼 고동색이라기보다는 노란빛을 띤 갈색에 가깝다. 북녘에서는 밤색학버섯이라고 한다.

여름부터 가을까지 졸참나무, 상수리나무를 비롯한 여러 가지 활엽수가 자라는 숲 속 땅 위에 홀로 나거나 흩어져 난다. 흔한 버섯이다.

먹을 수 있는 버섯이지만 날것을 먹으면 중독되기도 하므로 주의해야 한다.

갓은 어릴 때는 둥글다가 자라면서 둥근 산 모양이 된다. 갓이 다 피면 가운데가 볼록하면서 판판해진다. 때로 가장자리가 위로 젖혀져 우묵한 접시 모양이 되기도 한다. 갓 가운데는 붉은빛을 띤 진한 갈색이고 가장자리로 갈수록 색이 연해져 황갈색이나 연한 갈색이 된다. 겉은 물기를 머금으면 끈적끈적해지고 마르면 반들거린다. 가장자리에는 길고 뚜렷한 줄무늬가 있다. 살은 흰색이며 무르다.

주름살은 흰색이고 빽빽하다. 대에 떨어진형으로 붙어 있다.

대는 가늘고 길며 아래로 가면서 약간 굵어진다. 겉에는 손거스러미 같은 비늘 조각이 붙어 있다. 얇고 속이 깊은 대주머니가 밑동을 싸고 있다. 대와 대주머니는 흰색이지만 때로 갓 색을 띠는 것도 있다. 속은 자라면서 빈다.

포자는 둥글고 매끈하다. 포자 무늬는 흰색이다.

크기 갓 지름 4~9cm, 대 길이 7~12cm
중형
특징 갓이 선명한 노란빛을 띤 갈색이다.
분포 전 세계
구분 공생균

긴골광대버섯아재비

Amanita longistriata S. Imai

갓 가장자리에 골처럼 깊게 파인 긴 줄무늬가 있다고 긴골광대버섯아재비라는 이름이 붙었다.

여름부터 가을까지 숲 속 땅 위에 홀로 나거나 흩어져 난다.

독성분은 밝혀지지 않았으나 먹으면 복통, 구토, 설사 같은 중독 증상이 나타나므로 독버섯으로 분류한다. 먹는 버섯인 고동색우산버섯과 닮았으나 턱받이가 있는 점이 다르다.

갓은 어릴 때는 알이나 종 모양이다가 둥근 산 모양을 거쳐 판판해진다. 종종 가장자리가 위로 젖혀져 가운데가 조금 우묵한 접시 모양이 되기도 한다. 어릴 때는 연한 회갈색이다가 점점 거무스름한 갈색으로 변한다. 흔히 가장자리에 색이 연하고 우산살 모양으로 깊이 파인 긴 줄무늬가 있다. 겉은 매끈하나 물기를 머금으면 약간 끈적거린다. 살은 흰색이고 얇다.

주름살은 흰색이고 자라면서 연분홍빛을 띤다. 약간 빽빽하며 대에 떨어진 형으로 붙어 있다. 주름살 날은 가루 모양이다.

대는 위아래 굵기가 거의 같거나 위로 가면서 약간 가늘어진다. 흰색이고 거의 매끈한데 때로 턱받이 아래쪽에 실 모양 비늘 조각이 붙어 있다. 밑동은 속이 깊은 하얀 대주머니에 싸여 있다. 속은 비어 있다. 얇고 하얀 턱받이는 대 위쪽에 붙어 있다.

포자는 넓은 타원형이고 매끈하다. 포자 무늬는 흰색이다.

크기 갓 지름 2~7cm, 대 길이 4~11cm
중소형
특징 갓 가장자리에 깊게 파인 줄무늬가 있다.
분포 우리나라, 일본
구분 공생균

달걀버섯 *Amanita hemibapha* (Berk. et Br.) Sacc.

하얀 외피막에 싸인 어린 자실체의 생김새가 달걀을 닮아서 달걀버섯이라는 이름이 붙었다. 북녘에서도 닭알버섯이라고 한다.

여름부터 가을까지 여러 가지 나무가 섞여 자라는 숲 속 땅 위에 홀로 나거나 흩어져 난다. 종종 버섯고리를 만들기도 한다. 상수리나무, 너도밤나무, 구실잣밤나무 같은 활엽수 둘레에 많이 난다. 전나무, 솔송나무 같은 침엽수 둘레에 나기도 한다.

색이 화려하고 맛도 좋아 먹는 버섯 가운데서 가장 널리 알려져 있는 버섯이다. 서양에서는 버섯 가운데 최고라는 뜻으로 황제버섯이라고도 한다. 고대 로마 시대의 네로 황제는 달걀버섯을 매우 좋아해서 이것을 따다 바치는 사람에게 버섯 무게만큼의 금을 상으로 주었다고 한다.

갓은 둥근 산 모양을 거쳐 판판해지는데 가운데는 볼록하다. 붉은색 또는 주황색이며 겉은 매끈하고 반들거린다. 물기가 있으면 조금 끈적거린다. 가장자리는 색이 연하고 살이 얇아 우산살 모양 줄무늬가 뚜렷하게 나타난다. 살은 연한 노란색이고 무르다.

주름살은 노란색이며 약간 빽빽하다. 대에 떨어진형으로 붙어 있다.

대는 아래로 가면서 약간 굵어진다. 연한 노란색이고 주황색 껍질이 터지면서 얼룩덜룩한 무늬가 생긴다. 속이 깊고 두꺼운 하얀 대주머니가 밑동을 싸고 있다. 속은 자라면서 빈다. 주황색 턱받이는 대 위쪽에 붙어 있다.

포자는 넓은 타원형이고 매끈하다. 포자 무늬는 흰색이다.

크기 갓 지름 5~15cm, 대 길이 10~17cm
중대형
특징 색이 매우 화려하고 아름다운 버섯이다.
분포 전 세계
구분 공생균

독우산광대버섯 *Amanita virosa* (Fr.) Bertill.

독우산광대버섯은 눈부시게 하얀 모습이 마치 천사같이 신비롭고 아름답지만 무서운 독을 지니고 있어서 서양에서는 '죽음의 천사'라고 부른다. 북녘에서는 학독버섯이라고 한다.

하나만 먹어도 목숨을 잃을 만큼 독성이 아주 강한 버섯으로 중독 증상이 늦게 나타나는 것이 특징이다. 먹은 지 10시간쯤 지나면 심한 구토, 복통, 설사가 시작되면서 탈수 증상과 경련이 일어난다. 빨리 병원에 가서 치료를 받지 않으면 2~3일 안에 죽는다. 우리나라에서 중독 사고가 가장 많은 버섯이다.

여름부터 가을까지 너도밤나무, 물참나무 같은 활엽수가 자라는 숲 또는 침엽수 숲 속 땅 위에 홀로 나거나 무리 지어 난다.

어린 자실체는 알처럼 둥글다. 갓이 피면서 원뿔이나 둥근 산 모양이 되었다가 차차 판판해지는데 가운데는 조금 볼록하다. 자실체 전체가 눈부실 정도로 새하얀 것이 특징이지만 갓 가운데는 살짝 연분홍빛이나 연한 노란빛을 띤다. 겉은 매끄럽고 물기를 머금으면 끈적끈적해진다. 가장자리에 줄무늬는 없다. 살은 얇고 흰색이다.

주름살은 흰색이며 빽빽하다. 대에 떨어진형으로 붙어 있다.

대는 위로 가면서 가늘어진다. 흰색이며 겉에는 손거스러미 같은 비늘 조각이 붙어 있다. 속은 차 있다. 커다란 자루처럼 생긴 하얀 대주머니가 밑동을 싸고 있다. 얇고 하얀 턱받이는 대 위쪽에 붙어 있다.

포자는 둥글고 매끈하다. 포자 무늬는 흰색이다.

크기 갓 지름 6~15cm, 대 길이 8~21cm
중대형

특징 독성이 가장 강한 버섯이다.

분포 북반구 지역, 오스트레일리아

구분 공생균

마귀광대버섯 *Amanita pantherina* (DC.) Krombh.

허연 비늘 조각이 더덕더덕 붙어 있는 어린 자실체의 모습이 마귀 같아 보여서 마귀광대버섯이라는 이름이 붙었다. 서양에서는 갓 무늬가 표범 무늬 같다고 표범버섯이라고 한다. 북녘에서는 점갓닭알독버섯이라고 한다.

여름부터 가을까지 흔히 소나무 숲 속 땅 위에 홀로 나거나 무리 지어 난다. 그 밖에도 침엽수 숲, 활엽수 숲, 공원, 집 안 정원까지 어디에나 가리지 않고 나는 흔한 버섯이다.

강한 독성을 지닌 버섯으로 중독되면 헛것이 보이고 흥분 또는 경련을 일으킨다. 심하면 정신을 잃기도 하지만 목숨을 빼앗을 만큼 무서운 독버섯은 아니다. 파리를 잡는 데 쓰기도 한다.

갓은 어릴 때는 둥근 산 모양이다. 자라면서 판판해지는데 가운데가 오목한 것도 있다. 황갈색 또는 회갈색이며 겉에는 가루 덩어리 같은 허연 비늘 조각이 여기저기 흩어져 붙어 있다. 비늘 조각은 빗물에 쉽게 떨어져 나간다. 가장자리는 색이 연하고 긴 줄무늬가 있다. 살은 희고 두껍다.

주름살은 흰색이며 빽빽하다. 대에 떨어진형으로 붙어 있다.

대는 길고 약간 휘었다. 겉은 희고 매끈하며 턱받이 아래쪽은 손거스러미 같은 비늘 조각이 붙어 있다. 밑동은 둥글게 부풀었고 바로 위에는 대주머니 흔적이 몇 개의 고리 모양으로 남아 있다. 속은 차차 빈다. 하얀 턱받이는 대 위쪽에 붙어 있다.

포자는 타원형이고 매끈하다. 포자 무늬는 흰색이다.

크기 갓 지름 4~22cm, 대 길이 5~25cm
대형
특징 대주머니는 고리 모양으로 남아 있다.
분포 전 세계
구분 공생균

뱀껍질광대버섯 *Amanita spissacea* S. Imai

대에 회갈색 비늘 조각이 얼룩덜룩 붙은 모습이 뱀 껍질 같다고 뱀껍질광대버섯이라는 이름이 붙었다. 북녘에서는 나도털자루닭알버섯이라고 한다.

여름부터 가을까지 소나무 숲이나 너도밤나무, 참나무, 밤나무 같은 활엽수가 자라는 숲 속 땅 위, 숲 언저리 풀밭에 홀로 나거나 흩어져 난다.

독버섯으로 중독되면 구역질이 나거나 헛것이 보인다. 때로 혼수상태에 빠지기도 하지만 하루 이틀이 지나면 괜찮아진다.

갓은 어릴 때는 둥근 산 모양이다가 자라면서 판판해진다. 가장자리가 위로 젖혀져 가운데가 조금 오목해지기도 한다. 회갈색이며 겉은 암갈색 또는 흑갈색 껍질로 싸여 있다. 갓이 펴지면서 겉껍질이 터져 크고 작은 비늘 조각이 되어 흩어지는데, 가운데는 빽빽하고 가장자리로 가면서 성글다. 비늘 조각은 비를 맞거나 하면 잘 떨어져 나간다. 가장자리에는 내피막 자투리가 붙어 있기도 한다. 줄무늬는 없다. 살은 흰색이고 단단하며 두껍다.

주름살은 흰색이며 빽빽하다. 대에 떨어진형으로 붙어 있다.

대는 위로 가면서 가늘어진다. 흰색이며 턱받이 아래쪽은 작은 회갈색 비늘 조각으로 덮여 있어 때로 뱀 껍질 같은 얼룩덜룩한 무늬를 나타낸다. 밑동은 알뿌리처럼 둥글게 부풀었고, 바로 위에는 여러 개의 부스러진 대주머니 조각이 고리 모양으로 붙어 있다. 속은 차 있다. 하얀 턱받이는 대 위쪽에 붙어 있는데 윗면에 우산살 모양 줄무늬가 있다.

포자는 넓은 타원형이며 매끈하다. 포자 무늬는 흰색이다.

크기 갓 지름 4~13cm, 대 길이 5~16cm
중형
특징 대에 붙어 있는 비늘 조각들이 뱀 껍질
무늬를 이룬다.
분포 우리나라, 일본, 중국
구분 공생균

붉은점박이광대버섯 *Amanita rubescens* Pers.

달걀버섯과 닮았고 문지르거나 상처를 내면 붉게 변한다고 북녘에서는 색갈이닭알버섯이라고 한다.

여름부터 가을까지 소나무, 일본잎갈나무, 너도밤나무, 졸참나무 같은 침엽수와 활엽수가 섞여 자라는 숲 속 땅 위에 홀로 나거나 흩어져 난다.

먹는 버섯으로 익히면 맛이 좋다. 그러나 날것을 먹거나 익힌 것이라도 많이 먹으면 속이 울렁거리고 토하거나 설사를 한다. 그래서 요즈음에는 독버섯으로 분류하기도 한다. 독성이 강한 마귀광대버섯과 생김새가 아주 닮았다.

갓은 어릴 때는 종 모양이다. 자라면서 차차 판판해지는데 가장자리는 조금 위로 젖혀진다. 적갈색이나 어두운 갈색이며 줄무늬는 없다. 겉에는 가루덩어리 같은 회색 또는 연한 갈색 비늘 조각이 더덕더덕 붙어 있다가 곧 떨어져 나간다. 살은 흰색인데 문질러 보면 그 자리가 붉게 변한다.

주름살은 흰색이고 차차 적갈색 얼룩이 생긴다. 약간 빽빽하며 대에 떨어진형으로 붙어 있다.

대는 위아래 굵기가 비슷하거나 아래가 약간 굵다. 연한 적갈색인데 아래쪽이 약간 진하다. 밑동은 둥글게 부풀었고 부스러진 대주머니 조각이 몇 개 고리 모양으로 붙어 있다가 곧 떨어져 나간다. 속은 비어 있다. 얇고 하얀 턱받이는 대 위쪽에 붙어 있다.

포자는 넓은 타원형이고 매끈하다. 포자 무늬는 흰색이다.

크기 갓 지름 5~15cm, 대 길이 8~20cm
중대형
특징 상처 자리가 붉은색으로 변한다.
분포 전 세계
구분 공생균

비탈광대버섯 *Amanita abrupta* Peck

크고 둥글게 부푼 대 밑동이 양파처럼 생겨서 양파광대버섯이라고도 한다.

여름부터 가을까지 너도밤나무, 물참나무, 졸참나무, 모밀잣밤나무, 떡갈나무, 소나무 같은 여러 가지 나무들이 섞여 자라는 숲 속 땅 위에 홀로 나거나 흩어져 난다. 보기 드문 버섯이다.

독버섯으로 독성이 강하다. 먹으면 배가 아프고 토하거나 설사를 한다.

자실체 전체가 흰색이다. 다 자라면 색이 바래 약간 갈색을 띠기도 한다.

갓은 어릴 때는 둥근 산 모양이다가 다 자라면 거의 판판해진다. 때로 가운데가 볼록하게 솟거나 가장자리가 위로 젖혀지기도 한다. 흰색이며 겉에는 삼각뿔같이 생긴 작고 하얀 돌기가 붙어 있는데 쉽게 떨어져 나간다. 갓이 처음 펴질 때 가장자리에 내피막 자투리가 남아 붙어 있기도 하나 곧 떨어져 나간다. 살은 흰색이고 두껍다.

주름살은 흰색이고 다 자라도 색이 변하지 않는다. 빽빽하며 대에 떨어진형으로 붙어 있다. 주름살 날은 가루 모양이다.

대는 위아래 굵기가 거의 같거나 위가 조금 가늘다. 흰색이며 겉에는 손거스러미 같은 비늘 조각이 붙어 있다. 밑동은 크게 부풀었는데 약간 동글납작하다. 대주머니는 뚜렷하지 않다. 턱받이는 대 위쪽에 붙어 있다. 희고 얇으며 윗면에 우산살 모양 줄무늬가 있다.

포자는 둥글고 매끈하다. 포자 무늬는 흰색이다.

크기 갓 지름 3~8cm, 대 길이 7~14cm
중소형
특징 밑동이 양파처럼 동글납작하다.
분포 우리나라, 일본, 북아메리카
구분 공생균

파리버섯 *Amanita melleiceps* Hongo

파리버섯은 특히 파리한테 독성이 강한 버섯이다. 옛날에는 이 버섯으로 파리를 잡아서 파리버섯이라는 이름이 붙었다. 으깬 버섯을 밥에 비벼 넓적한 물그릇 한가운데 놓아두면 파리가 이것을 먹고 물그릇 속에 떨어져 죽는다.

파리버섯으로 파리를 잡은 것은 우리나라뿐이어서, 학명이나 다른 나라 이름에는 전혀 그런 뜻이 들어 있지 않다. 사람이 먹으면 구토, 복통, 설사를 하거나 헛것이 보이기도 한다. 독성분은 아직 밝혀지지 않았다.

여름부터 가을까지 바람이 잘 통하고 건조한 소나무 숲이나 졸참나무, 모밀잣밤나무, 상수리나무 같은 활엽수가 자라는 숲 속 땅 위에 흩어져 난다.

갓은 어릴 때는 둥근 산 모양이다. 자라면서 판판해지는데 가운데는 조금 오목해진다. 연한 노란색 또는 황토색이며 겉에는 흰색 또는 연한 노란색 가루 덩어리 같은 돌기가 군데군데 퍼져 있다. 가장자리는 색이 연하며 우산살 모양으로 뻗은 줄무늬가 있다. 살은 허연색 또는 연한 노란색이고 얇아서 잘 부스러진다.

주름살은 흰색이며 약간 성글다. 대에 떨어진형으로 붙어 있다.

대는 위가 약간 가늘고 밑동은 둥글게 부풀었다. 흰색 또는 연한 노란색이며 겉에는 허연 가루가 붙어 있다. 속은 자라면서 빈다. 대주머니는 굵은 가루 모양으로 밑동에 붙어 있다. 턱받이는 없다.

포자는 넓은 타원형이고 매끈하다. 포자 무늬는 흰색이다.

크기 갓 지름 3~6cm, 대 길이 3~6cm
소형
특징 갓에 가루 덩어리 같은 돌기가 퍼져 있다.
분포 우리나라, 일본, 중국
구분 공생균

자주국수버섯 *Clavaria purpurea* Fr.

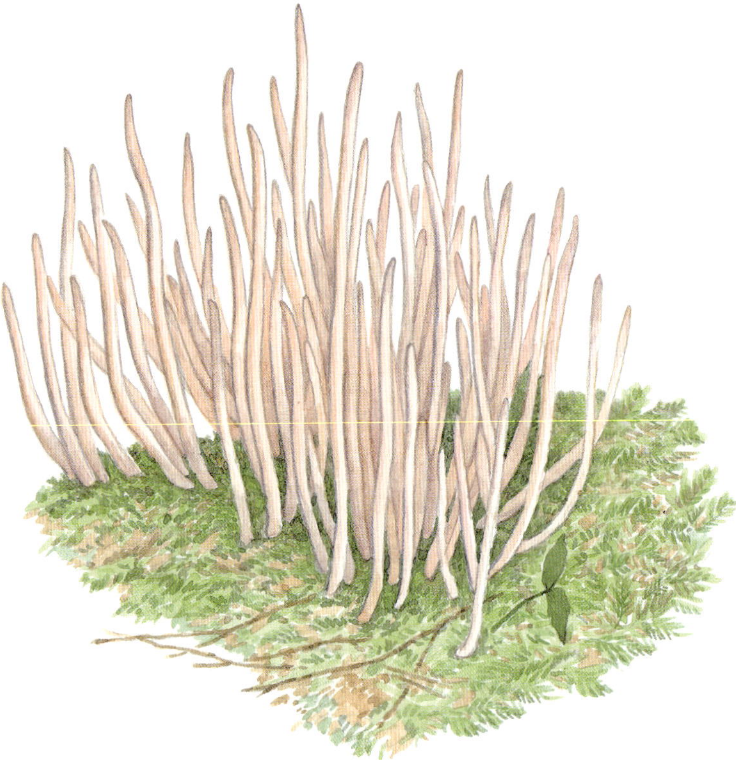

국수버섯
Clavaria fragilis Holmsk.
자실체가 흰색이고 활엽수 숲에 난다.

가늘고 길게 뻗어 나는 모습이 국수 가락을 닮았고 자줏빛을 띠고 있어 자주국수버섯이라는 이름이 붙었다. 북녘에서는 분홍색국수버섯이라고 한다. 학명은 '자줏빛을 띤 곤봉' 이라는 뜻이다.

가을에 침엽수 숲 속 땅 위나 풀밭에 수십 대 또는 수백 대가 무리 지어 난다. 드물게 홀로 나기도 한다. 특히 소나무 둘레에 많이 난다. 키는 흔히 5cm 쯤 되는데, 큰 것은 15cm나 되는 것도 있다.

독성은 없지만 크기가 작고 살도 무른 데다가 특별한 향이나 맛이 있는 것도 아니어서 잘 먹지 않는다. 색이 고와서 맑은 국물 요리에 띄우거나 샐러드 같은 요리에 넣어 멋을 내는 데 쓰기도 한다.

자실체는 둥글고 긴 막대기처럼 생겼는데 꼭대기와 밑동 부분은 조금 가늘다. 부추처럼 한 면이 약간 납작하게 눌리거나 드물게 약간 비틀린 것도 있다. 색은 연하고 고운 자주색이나 다 자라면 색이 바래서 회색이나 갈색을 띤 자주색이 된다. 겉은 매끈하며 가운데에는 세로로 얕은 홈이 있다. 살은 허연색 또는 연한 자주색이다. 속은 비어 있고 쉽게 부스러진다.

자실층은 자실체 겉면에 고루 퍼져 있다.

대는 뚜렷하지 않다. 밑동은 흰색이고 긴 균사가 붙어 있다.

포자는 긴 타원형이고 매끈하다. 포자 무늬는 흰색이다.

크기 자실체 지름 0.1~0.5cm, 높이 2~8cm
소형
특징 국수 가락처럼 가늘고 길게 뻗어 난다.
분포 우리나라, 일본, 유럽, 북아메리카
구분 공생균

쇠뜨기버섯 *Ramariopsis kunzei* (Fr.) Corner

쇠뜨기를 닮았다고 쇠뜨기버섯이라는 이름이 붙었다. 하얀 산호초나 사슴뿔하고도 닮았다. 같은 국수버섯과에 들어 있는 국수버섯이나 자주국수버섯이 줄기 하나하나를 쭉쭉 뻗는 것과는 달리, 쇠뜨기버섯은 가지가 여러 갈래로 갈라져 마치 싸리 빗자루같이 생겼다. 높이가 2~5cm쯤 되는 작은 버섯이지만 때로 10cm가 넘게 자라는 것도 있다.

여름부터 가을까지 침엽수 숲 속 땅 위나 숲 언저리 풀밭 또는 이끼 사이에 홀로 나거나 무리 지어 난다. 종종 썩은 나무줄기에서도 난다.

독성은 없지만 별다른 맛이나 향이 없어 먹을 만한 버섯이 못 된다.

자실체는 밑동에서부터 가지가 여러 갈래로 갈라지고, 위로 가면서 두세 번 더 갈라진 다음 맨 끝은 둘로 갈라진다. 하지만 싸리버섯처럼 가지가 여러 번 갈라지지 않아 생김새가 엉성하고 대와 가지는 모두 가늘다. 어릴 때는 가지 끝이 뭉툭하나 자라면서 침처럼 뾰족해진다. 새하얗거나 연한 미색이고 약간 투명하다. 드물게 연분홍빛이나 살구색을 띠는 것도 있다. 가지 끝부터 마르면서 연한 황토색 또는 갈색이 된다. 겉은 매끈하다. 살은 흰색이고 탱탱하면서 탄력이 있지만 연해서 잘 부스러진다.

자실층은 자실체 겉면에 고루 퍼져 있다.

대 밑동에는 짧고 부드러운 털이 덮여 있는데 자라면서 떨어져 나간다.

포자는 둥글며 뾰족한 가시와 작은 돌기가 있다. 포자 무늬는 흰색이다.

크기 자실체 너비 2~7cm, 높이 2~12cm
중소형
특징 가지가 엉성하게 여러 갈래로 갈라진다.
분포 전 세계
구분 공생균

검은띠말똥버섯 *Panaeolus subbalteatus* (Berk. et Broome) Sacc.

갓이 마르면서 가장자리에 검은 띠 같은 무늬가 나타난다고 검은띠말똥버섯이라는 이름이 붙었다. 북녘에서는 테두리웃음버섯이라고 한다. 말똥버섯과 달리 갓 깃이 없다.

여름부터 가을까지 소똥이나 말똥 위, 거름을 준 땅이나 두엄 더미 위에 무리 지어 난다. 흔한 버섯이다.

독버섯으로 말똥버섯보다 독성이 강하다. 중독되면 헛것이 보이고 술에 취한 것처럼 춤을 추거나 화를 내며 운다.

갓은 어릴 때는 종 모양이다. 자라면서 판판해지는데 가운데는 볼록하다. 물기를 많이 머금으면 진한 적갈색이다가 마르면 가운데서부터 색이 연해지면서 연한 황갈색이 된다. 그러나 가장자리는 진한 색이 그대로 남아서 마치 둥근 띠를 두른 것처럼 보인다. 겉은 매끈하나 드물게 겉껍질이 갈라져 아주 작은 비늘 조각이 생기기도 한다. 살은 연한 노란색이고 얇다.

주름살은 회색이다가 검붉은 얼룩이 생겨 나중에는 검은색이 된다. 약간 빽빽하며 대에 완전붙은형으로 붙어 있다. 주름살 날은 하얀 가루 모양이다.

대는 가늘고 길며 위아래 굵기가 비슷하다. 밑동에는 흰색 균사 덩어리가 붙어 있다. 연한 갈색이고 차차 어두운 갈색이 된다. 겉에는 희고 고운 가루가 덮여 있다. 속은 비어 있고 쉽게 부러진다.

포자는 넓은 타원형이며 매끈하다. 포자 무늬는 검은색이다.

크기 갓 지름 1~4cm, 대 길이 3~8cm
소형
특징 갓 가장자리에 검은 띠 무늬가 나타난다.
분포 전 세계
구분 분해균

말똥버섯 *Panaeolus papilionaceus* (Bull.) Quél.

말똥버섯과 좀말똥버섯은 다른 종으로 분류했으나, 새 분류에서는 같은 종으로 보고 함께 말똥버섯으로 부른다. 북녘에서는 웃음버섯이라고 한다.

봄부터 가을까지 소똥이나 말똥 위, 풀밭 같은 곳에 무리 지어 난다.

신경에 작용하는 독성분이 있어서 중독되면 흥분 또는 환각 상태가 되거나 술에 취한 것같이 정신이 몽롱해진다. 독성이 그다지 강하지 않아서 하루가 지나면 괜찮아진다.

갓은 어릴 때는 알처럼 둥글고 가장자리가 안으로 말려 있다. 자라면서 차차 갓이 펴져 둥근 산이나 종 모양이 된다. 때로 갓 꼭대기에 젖꼭지처럼 생긴 돌기가 붙어 있는 것도 있다. 갓은 연한 회색으로 가운데로 가면서 연한 황토색이나 갈색을 띤다. 처음에는 매끈하다가 자라면서 거북등무늬같이 갈라지기도 한다. 가장자리는 주름살 끝보다 더 뻗어 나가 갓 깃을 이루는데, 톱니처럼 가지런히 갈라지고 위로 살짝 말린 모습이 마치 레이스 장식 같다. 살은 얇고 연한 노란색이다.

주름살은 회색이고 자라면서 검은색 얼룩이 생겨 나중에는 전체가 검은색이 된다. 약간 빽빽하고 대에 끝붙은형으로 붙어 있다. 주름살 날은 하얀 가루 모양이다.

대는 가늘고 길다. 회갈색 또는 어두운 갈색이고, 겉에는 하얀 가루 모양 비늘 조각이 붙어 있다. 속은 차 있다가 차차 빈다. 단단하지만 잘 부러진다.

포자는 넓은 타원형이고 매끈하다. 포자 무늬는 검은색이다.

크기 갓 지름 1~4cm 대 길이 4~14cm
소형
특징 레이스 장식 같은 하얀 갓 깃이 있다.
분포 전 세계
구분 분해균

진흙끈적버섯 *Cortinarius collinitus* (Pers.) Fr.

자실체 전체가 끈적끈적한 점액에 싸여 있어 진흙끈적버섯이라는 이름이 붙었다. 북녘에서도 같은 이름으로 부른다.

이른 가을에 숲 속의 가문비나무나 소나무 둘레, 또는 이끼가 많은 땅 위에 흩어져 난다. 우리나라에서는 아주 보기 드문 버섯이다.

독성이 없어 먹을 수 있고 맛도 괜찮다. 하지만 잘 상하는 데다가 닮은 버섯이 여럿 있어 구별하기가 어려우므로 되도록 먹지 않는 것이 좋다.

갓은 어릴 때는 종처럼 생겼고 가장자리가 안쪽으로 말려 있다. 자라면서 판판해지는데 가운데는 볼록하게 남는다. 적갈색이나 황갈색이며 아주 끈적끈적한 점액에 싸여 있다. 살은 흰색 또는 연한 노란색인데 차차 갈색이 된다. 갓을 싸고 있는 점액 때문에 살이 빨리 짓무르거나 썩는다.

주름살은 약간 푸르스름한 갈색이다. 포자가 다 익으면 적갈색이나 회갈색이 된다. 약간 빽빽하며 대에 끝붙은형으로 붙어 있다.

대는 위아래 굵기가 비슷하거나 위가 약간 가늘다. 겉은 흰색 또는 연보라색을 띠는 두꺼운 점액에 싸여 있다. 다 자라면 겉껍질이 터져 떨어져 나가면서 황갈색 바닥이 드러나 마치 벌레가 파먹은 것처럼 보인다. 속은 차 있다. 거미집처럼 생긴 턱받이는 대 위쪽에 붙어 있으나 곧 떨어져 나가고 흔적만 남는다. 흰색이지만 포자가 떨어지면 뚜렷한 적갈색을 나타낸다.

포자는 타원형이고 커다란 돌기가 있다. 포자 무늬는 흰색이다.

크기 갓 지름 3~10cm, 대 길이 4~14cm
중소형
특징 자실체가 두꺼운 점액에 싸여 있다.
분포 북반구 온대 지역
구분 공생균

삿갓외대버섯 *Entoloma rhodopolium* (Fr.) P. Kumm.

삿갓외대버섯은 어릴 때 흰색이던 주름살이 차차 연한 살구색으로 되는 것이 특징이다. 북녘에서는 검은활촉버섯이라고 한다.

늦여름부터 가을까지 너도밤나무, 졸참나무, 상수리나무 같은 활엽수가 자라는 숲이나 여러 가지 나무가 섞여 자라는 숲 속 땅 위에 홀로 나거나 흩어져 난다. 적은 수가 무리 지어 나기도 한다.

독버섯으로 복통, 구토, 설사 같은 중독 증상을 일으킨다.

갓은 어릴 때는 종 모양이고 가장자리가 안쪽으로 말려 있다. 자라면서 판판해지는데 가운데는 약간 볼록하다. 때로 가운데가 살짝 꺼지면서 가장자리가 위로 젖혀지기도 한다. 회색 또는 회색빛이 도는 황토색이다. 겉은 물기를 머금으면 끈적끈적해지고 가장자리에 가는 줄무늬가 나타난다. 마르면 비단처럼 반들거린다. 살은 흰색이다. 얇고 무르며 밀가루 냄새가 난다.

주름살은 어릴 때는 흰색이다가 포자가 익으면서 연한 살구색이 된다. 약간 빽빽하며 어릴 때는 대에 완전붙은형으로 붙어 있다가 자라면서 홈파인형 또는 끝붙은형이 된다.

대는 위아래가 굵기가 비슷하거나 위가 약간 가늘다. 종종 비틀려 있기도 한다. 흰색이며 겉은 반질반질하고 세로로 가는 힘줄이 있다. 속은 스펀지같이 구멍이 숭숭 나 있어 손으로 살짝 잡아도 쉽게 부스러진다.

포자는 오각형 또는 육각형이고 매끈하다. 포자 무늬는 황토 갈색이다.

크기 갓 지름 3~8cm, 대 길이 4~10cm
중소형
특징 주름살이 흰색이다가 살구색으로 변한다.
분포 우리나라, 일본, 북반구 지역
구분 공생균

노란꼭지버섯

Inocephalus murrayi (Berk. & M.A. Curtis) Rutter & Watling

붉은꼭지외대버섯

Entoloma quadratum (Berk. & M.A.Curtis) E.Horak

진한 살구색이지만 색이 바래면 노란꼭지외대버섯과 비슷해져서 구별하기 어렵다.

갓 꼭대기에 젖꼭지처럼 생긴 작은 돌기가 볼록하게 솟아 있어 노란꼭지버섯이라는 이름이 붙었다. 북녘에서는 뾰족한 돌기가 활촉을 닮았다고 노란활촉버섯이라고 한다.

여름부터 가을까지 숲 속의 축축한 땅 위나 이끼 사이에 홀로 나거나 흩어져 난다. 몇 개씩 무리 지어 나기도 한다.

독성은 밝혀지지 않았으나 먹으면 배탈 같은 중독 증상을 일으키므로 독버섯으로 분류한다.

갓은 어릴 때는 원뿔이나 종 모양이다. 꼭대기에는 작은 돌기가 붙어 있으나 쉽게 떨어져 나가 없는 것도 있다. 자라서 갓이 다 피면 가장자리가 물결치듯 크게 주름지면서 삿갓 모양이 된다. 물기를 많이 머금으면 노란빛을 띠고 가장자리에 가는 줄무늬가 나타난다. 마르면 색이 바래서 연한 노란색이 되고 겉은 반들거린다. 살은 얇고 연한 노란색이다가 마르면 흰색이 된다.

주름살은 흰색이나 연한 노란색이다가 차차 살구색으로 변한다. 성글며 대에 끝붙은형으로 붙어 있다.

대는 위아래 굵기가 비슷하거나 아래가 조금 가늘다. 종종 비틀리거나 굽어 있고 납작하게 눌린 것도 있다. 갓과 같은 색이며 밑동은 희다. 겉은 반들반들하며 세로로 가는 힘줄이 있다. 속은 비어 있는데 갓 꼭대기에 있던 돌기가 떨어지고 나면 꼭대기에서부터 대 밑동까지 뚫린 긴 구멍이 생긴다.

포자는 한 면이 사각형인 육면체이고 매끈하다. 포자 무늬는 살구색이다.

크기 갓 지름 1~5cm, 대 길이 1~7cm
소형
특징 갓 꼭대기에 뾰족한 돌기가 있다.
분포 우리나라, 일본, 중국, 유럽, 북아메리카
구분 공생균

자주졸각버섯 *Laccaria amethystina* Cooke

졸각버섯과 닮았지만 자줏빛을 띠고 있어 자주졸각버섯이라는 이름이 붙었다. 투명한 느낌이 있는 자주색 갓과 진한 자주색 줄기는 마치 자수정처럼 곱다. 학명에도 '자수정 빛'이라는 뜻이 들어 있다. 북녘에서는 보라빛깔때기버섯이라고 한다.

여름부터 가을까지 특히 여름 장마철에 숲 속 땅 위나 길가 같은 곳에 무리지어 난다. 거친 땅이라도 축축한 곳이면 어디에나 가리지 않고 난다.

먹을 수 있는 버섯으로 맛은 좋지만 작아서 그다지 먹지 않는다.

갓은 어릴 때는 둥근 산 모양이다. 자라면서 판판해지는데 가운데는 배꼽처럼 옴폭 패었다. 가장자리가 위로 젖혀지거나 넓게 펼쳐져서 물결치듯 크게 주름이 지기도 한다. 고운 자주색이며 물기를 머금으면 색이 짙어지고 가장자리에 줄무늬가 나타난다. 마르면 연한 황갈색을 거쳐 회갈색으로 색이 바랜다. 겉은 매끈하나 나중에는 가늘게 찢어져 가는 비늘 조각처럼 된다. 살은 얇고 연한 자주색이다.

주름살은 갓보다 조금 진한 자주색이다. 말라도 색이 바래지 않고 그대로 남는다. 두껍고 성글며 대에 끝붙은형 또는 내린형으로 붙어 있다.

대는 위아래 굵기가 비슷하고 흔히 굽어 있다. 갓과 같은 색이며 세로로 희고 가는 힘줄이 있다. 밑동은 허연색이고 연한 자주색 균사가 붙어 있다. 속은 차차 빈다.

포자는 둥글며 가시 모양 돌기가 있다. 포자 무늬는 흰색이다.

크기 갓 지름 1~5cm, 대 길이 2~8cm
소형
특징 자수정 같은 고운 자주색이다.
분포 북반구 지역
구분 공생균

졸각버섯 *Laccaria laccata* (Scop.) Cooke

색시졸각버섯
Laccaria vinaceoavellanea Hongo
졸각버섯과 닮았지만 크기가 크고 갓 가운데가 배꼽처럼 옴폭 들어갔다. 졸각버섯보다 색이 바랜 듯하며 칙칙하다.

자실체가 살색을 띤다고 북녘에서는 살색깔때기버섯이라고 한다.

여름부터 가을까지 여러 가지 나무가 섞여 자라는 숲 속 땅 위나 길가에 무리 지어 나거나 흩어져 난다. 흔한 버섯이다.

먹는 버섯으로 쫄깃쫄깃하고 맛도 꽤 좋다. 하지만 갓 지름이 3cm도 안 될 만큼 아주 작은 데다가 살도 얇아 요리를 하려면 많은 양이 필요하기 때문에 그다지 먹지 않는다. 월계수 잎 같은 향이 나서 피클을 만들 때 월계수 잎 대신 넣기도 한다. 소화가 안 될 때 약으로 먹기도 한다.

갓은 어릴 때는 둥근 산 모양이고 자라면서 판판해진다. 다 자라면 가운데가 오목해지고 가장자리가 넓게 펴져 물결치듯 구불거린다. 가운데는 비듬 같은 가는 비늘 조각이 촘촘하게 퍼져 있다. 살구색이나 갈색을 띤 연분홍색인데 물기를 머금으면 적갈색으로 변하면서 가장자리에 파인 줄무늬가 나타난다. 마르면 색이 바래 연한 황갈색이 된다. 살은 얇고 갓과 같은 색이다.

주름살은 살구색이고 성글다. 대에 끝붙은형으로 붙어 있다.

대는 원통형으로 위아래 굵기가 비슷하다. 종종 휘거나 납작하게 눌린 것도 있다. 갓과 같거나 약간 연한 색이며 아래쪽은 갈색을 띤다. 세로로 가는 힘줄이 있고 질기다. 밑동은 약간 부풀었고, 짧고 부드러운 하얀 균사가 붙어 있다. 속은 차 있다가 차차 빈다.

포자는 넓은 타원형이며 가시 모양 돌기가 있다. 포자 무늬는 흰색이다.

크기 갓 지름 1~3cm, 대 길이 2~5cm
소형
특징 갓 가운데에 비듬 같은 비늘 조각이
촘촘하게 퍼져 있다.
분포 우리나라, 일본
구분 공생균

배불뚝이연기버섯

Ampulloclitocybe clavipes (Pers.) Redhead, Lutzoni, Moncalvo & Vilgalys

송이버섯과 깔때기버섯속에 있을 때는 배불뚝이깔때기버섯이라고 불렀으나, 새 분류에서 벚꽃버섯과 연기버섯속이 되면서 이름도 배불뚝이연기버섯으로 바뀌었다. 북녘에서는 검은깔때기버섯이라고 한다.

여름부터 가을까지 침엽수 숲이나 활엽수 숲 속 땅 위에 흩어져 나거나 무리지어 난다. 때로 버섯고리를 이룬다. 특히 일본잎갈나무 둘레에서 잘 자란다.

맛이 좋고 쫄깃쫄깃하여 널리 먹는 버섯이다. 사람에 따라 술과 함께 먹으면 중독 증상이 나타나기도 한다. 중독되면 술에 심하게 취한 것같이 얼굴이 화끈거리고 두통이 나며 때로는 심장이 두근거린다. 심하면 맥박이 느려지고 호흡 곤란이 오면서 의식을 잃기까지 하므로 되도록 먹지 않는 것이 좋다.

갓은 어릴 때는 둥근 산 모양이고 가장자리가 안쪽으로 세게 말려 있다. 자라면서 판판해지거나 가운데가 눌린 것처럼 살짝 꺼져 얕은 깔때기 모양이 된다. 겉은 매끈하고 연한 갈색 또는 회갈색인데, 가운데 부분은 색이 진하고 어둡다. 살은 흰색이고 두꺼우며 가장자리는 얇다.

주름살은 흰색 또는 연한 노란색이며 약간 성글다. 대에 아주 길게 내린형으로 붙어 있다.

대는 뭉툭하며 밑동이 크게 부풀어 마치 곤봉같이 생겼다. 갓보다 연한 색이며 겉에는 실 모양 가는 비늘 조각이 붙어 있다. 속은 차 있다.

포자는 타원형이고 매끈하다. 포자 무늬는 흰색이다.

크기 갓 지름 2~7cm, 대 길이 3~7cm
중소형
특징 대는 아래로 가면서 불룩하게 부풀었다.
분포 우리나라, 일본, 중국, 북반구 온대 지역
구분 분해균

이끼꽃버섯 *Hygrocybe psittacina* var. *psittacina* (Schaeff.) P. Kumm.

꽃버섯
Hygrocybe conica (Schaeff.) P. Kumm.
꽃버섯속의 기준종이다. 색이 선명하고 고운 버섯이지만 만지거나 다 자라면 검게 변한다.

이끼꽃버섯은 갓과 대가 두꺼운 초록색 점액에 싸여 있는 것이 특징이다. 이끼무명버섯이라고도 한다.

여름부터 가을까지 숲 속의 이끼 사이나 풀밭, 목장의 땅 위에 몇 개씩 무리 지어 나거나 흩어져 난다. 보기 드문 버섯이다.

독성분은 밝혀지지 않았지만 많이 먹으면 검은띠말똥버섯과 비슷한 중독 증상이 나타나므로 먹지 않는 것이 좋다.

갓은 어릴 때는 종 모양이다. 자라면서 둥근 산 모양이 되거나 가운데는 조금 볼록하면서 가장자리가 판판해진다. 갓은 노란색 또는 주황색인데 어릴 때는 두꺼운 초록색 점액에 싸여 있어서 진한 초록색으로 보인다. 물기를 머금었을 때는 가장자리에 줄무늬가 나타난다. 자라면서 색이 바래 연한 황토색이나 연한 노란색이 된다. 살은 주황색이고 얇아서 잘 부서진다. 꽃버섯과는 달리 문질러 보아도 색이 변하지 않는다.

주름살은 노란색이고 성글다. 대에 완전붙은형으로 붙어 있다.

대는 위아래 굵기가 비슷하고 때로 조금 휜 것도 있다. 갓처럼 초록색 점액에 싸여 있어 황록색을 띤다. 마르면 노란색 또는 주황색 바탕이 드러나는데, 대 윗부분은 오래도록 초록색 점액이 남아 있다. 점액이 마르면 반들반들해지고 가는 세로줄이 나타난다. 속은 차차 빈다.

포자는 타원형이고 매끈하다. 포자 무늬는 흰색이다.

크기 갓 지름 0.6~4cm, 대 길이 2~6cm
소형
특징 자실체가 초록색 점액에 싸여 있다.
분포 우리나라, 일본, 중국, 유럽, 북아메리카
구분 공생균

솔땀버섯 *Inocybe rimosa* (Bull.) P. Kumm.

털땀버섯
Inocybe maculata Boud.
갓은 암갈색이고 하얀 비늘 조각이 붙어 있다. 주름살은 흰색이다. 활엽수 숲에 난다.

먹고 중독되면 땀이 많이 나며, 갓 가운데가 볼록 솟아 있고 겉이 실처럼 갈라진 모습이 솔 같다고 솔땀버섯이라는 이름이 붙었다.

여름부터 가을까지 활엽수, 침엽수 또는 여러 가지 나무가 섞여 자라는 숲 속 땅 위나 길가에 흩어져 나거나 몇 개씩 무리 지어 난다.

독버섯으로 중독되면 땀이 많이 나고 나중에는 침과 눈물도 나온다. 심하면 배가 아프거나 설사를 하며 숨 쉬기가 힘들어지고 앞이 잘 안 보이기도 한다. 이런 증상들은 무스카린muscarine이라는 독성분 때문에 나타나는데, 적은 양이 들어 있어서 두어 시간쯤 지나면 괜찮아진다.

갓은 어릴 때는 종 모양이고 가장자리는 안쪽으로 말려 있다. 자라면서 판판하게 펴지는데 갓 가운데는 여전히 볼록하게 솟아 있다. 황토색 또는 황토갈색이고 가운데는 색이 조금 진하다. 겉은 마른 느낌이고 실 모양 선이 뚜렷하다. 갓이 펴지면서 우산살 모양으로 갈라져 하얀 속살이 드러난다.

주름살은 허연색이다가 차차 연한 황토색을 띤다. 빽빽하며 대에 완전붙은형 또는 끝붙은형으로 붙어 있다.

대는 위아래 굵기가 비슷하거나 아래가 약간 굵고 밑동은 약간 부풀었다. 흰색 또는 연한 노란색이며 겉에는 가는 실 모양 줄무늬가 있다. 꼭대기 부분에는 하얀 가루가 붙어 있다. 속은 차 있다.

포자는 타원형이며 겉은 매끈하다. 포자 무늬는 황토색을 띤 연한 갈색이다.

크기 갓 지름 2~8cm, 대 길이 3~9cm
중소형
특징 먹고 중독되면 땀을 많이 흘린다.
분포 전세계
구분 공생균

덧부치버섯 *Asterophora lycoperdoides* (Bull.) Ditmar

다른 버섯의 몸에 붙어 양분을 얻으며 자란다고 덧부치버섯이라는 이름이 붙었다. 북녘에서는 덧붙이애기버섯 또는 밤별버섯이라고 한다.

여름부터 가을까지 오래되거나 죽은 버섯의 갓 위에 무리 지어 난다. 우리나라에서는 절구무당버섯과 애기무당버섯에 자라는 것을 흔히 볼 수 있다.

갓은 어릴 때는 공처럼 생겼고 자라면서 둥근 산 모양이 된다. 흰색이고 겉은 매끈하다. 살은 흰색이고 곡식 가루 냄새가 난다.

주름살은 흰색이며 두껍다. 성글며 대에 끝붙은형으로 붙어 있다.

다른 버섯에 붙어 자라는 덧부치버섯은 자손을 빨리 퍼뜨리기 위해 주름살뿐만 아니라 살에서도 포자를 만든다. 하얀 살이 가운데서부터 차차 갈색 포자 덩어리로 변하는데, 주름살에서 만드는 포자와는 달리 아주 두꺼운 껍질로 싸여 있어 후막 포자라고 한다. 현미경으로 보면 뾰족한 돌기로 싸여 있는 모습이 꼭 별사탕처럼 생겼다. 이 포자 덩어리는 버섯을 싸고 있던 겉껍질이 부스러지면서 밖으로 드러나고 바람에 날려서 사방으로 흩어진다.

대는 짧고 드물게 없는 것도 있다. 흰색이고 밑동은 연한 갈색이다. 겉은 가루 또는 실 모양이다. 속은 차 있다가 자라면서 빈다.

포자는 타원형이며 매끈하다. 포자 무늬는 흰색이다. 후막 포자는 길고 뾰족한 돌기에 싸여 있다.

크기 갓 지름 0.5~4cm, 대 길이 0.5~6cm 소형
특징 살과 주름살에서 포자를 만든다.
분포 우리나라, 일본, 유럽, 북아메리카
구분 기생균

잿빛만가닥버섯 *Lyophyllum decastes* (Fr.) Singer

잿빛만가닥버섯은 방망이만가닥버섯이라고도 한다. 많은 대가 빽빽하게 무리 지어 난다고 붙은 것이다. 북녘에서는 무리버섯이라고 한다.

여름부터 늦가을까지 숲 속의 풀밭이나 땅 위에 빽빽하게 뭉쳐나거나 무리 지어 난다. 땅에 떨어진 나뭇가지나 쌓인 낙엽에서도 자란다.

먹는 버섯으로 맛이 좋아 인공 재배도 한다. 야생 버섯은 약한 독성분이 있어서 사람에 따라 중독될 수 있다.

갓은 어릴 때는 둥근 산 모양이다. 자라면서 판판해지는데 다 자라면 가운데가 약간 오목해 지고 가장자리는 물결치듯 구불거린다. 어두운 녹갈색이나 회갈색이고 오래되면 색이 연해진다. 환경에 따라 색이나 형태가 많이 다른데 습기가 많고 그늘진 곳에서는 색이 연하다. 겉은 솜털 같은 하얀 비늘 조각이 덮여 있어 매끈하고 반들거린다. 살은 희고 단단하며 밀가루 냄새가 난다.

주름살은 흰색 또는 회백색이고 오래되면 희미하게 갈색을 띤다. 빽빽하며 대에 완전붙은형 또는 짧게 내린형으로 붙어 있다. 주름살 날은 매끈하다.

대는 위아래 굵기가 같거나 밑동이 조금 부풀었고 종종 비틀리거나 휜 것도 있다. 희거나 갓보다 조금 연한 색이고 꼭대기 부분은 가루 같은 하얀 비늘 조각이 붙어 있다. 몇 개 또는 많은 대가 밑동에서 합쳐져 큰 기둥 모양을 이루기도 한다. 밑동 아래에는 뿌리 같은 긴 균사 다발이 붙어 있다.

포자는 둥그스름하며 겉은 매끈하다. 포자 무늬는 흰색이다.

크기 갓 지름 4~9cm, 대 길이 4~8cm
중소형
특징 많은 대가 빽빽하게 뭉쳐난다.
분포 전 세계
구분 분해균

종이꽃낙엽버섯 *Marasmius pulcherripes* Peck

애기낙엽버섯
Marasmius siccus (Schwein.) Fr.
갓이 황토색 또는 붉은 갈색이며
앵두낙엽버섯보다 조금 크다.

앵두낙엽버섯이라고도 한다. 큰낙엽버섯과 닮았지만 갓 색이 붉고 크기가 아주 작다.

여름부터 가을까지 활엽수나 침엽수가 자라는 숲 속 낙엽 위에 무리 지어 나거나 흩어져 난다. 아주 작은 버섯이지만 색이 곱고 많은 수가 무리 지어 나기 때문에 눈에 잘 띈다.

갓은 어릴 때는 종 모양이나 둥근 산 모양이다. 자라면서 판판해지는데 가운데는 볼록 솟아 있어 마치 우산같이 생겼다. 가장자리는 위로 말린다. 꽃분홍색 또는 연한 황갈색이며 가운데는 색이 진하다. 겉은 매끈하고 우산살 모양으로 길고 뚜렷한 홈이 나 있다. 갓이 점점 펴지면 홈이 더 깊게 파이고 가장자리는 물결치듯 구불구불해진다. 볼록 솟은 가운데 부분은 종이를 구겨 놓은 것처럼 쭈글쭈글하다. 살은 종잇장같이 아주 얇다. 마르면 줄어들지만 물을 머금으면 다시 본디 모습으로 돌아간다.

주름살은 흰색이고 자라면서 연한 붉은색으로 변한다. 아주 성글며 대에 완전붙은형 또는 떨어진형으로 붙어 있다.

대는 아주 가늘고 질기며 반들반들해서 말총이나 검은 철사 같다. 진한 흑갈색이며 위로 가면서 색이 연해진다. 속은 비어 있다.

포자는 긴 타원형이며 매끈하다. 포자 무늬는 흰색이다.

크기 갓 지름 1~2cm, 대 길이 3~8cm
소형

특징 갓이 고운 붉은색이고 아주 얇다.

분포 북반구 지역

구분 분해균

큰낙엽버섯 *Marasmius maximus* Hongo

낙엽버섯속 버섯 가운데 가장 커서 큰낙엽버섯이라는 이름이 붙었다. 북녘에서는 큰가랑잎버섯이라고 한다.

봄부터 가을까지 삼나무 숲이나 여러 가지 나무가 섞여 자라는 숲, 대숲, 정원 같은 곳에 쌓인 낙엽 위에 무리 지어 난다. 때로 버섯고리를 만들기도 한다. 특히 이른 여름에 많이 나는 흔한 버섯이다.

독성은 없으나 맛도 없고 살이 질겨서 먹지 않는다.

갓은 어릴 때는 종 모양 또는 둥근 산 모양이다. 자라면서 판판해지는데 가운데는 조금 볼록한데 때로 오목하다. 활짝 피면 가장자리가 위로 젖혀지기도 한다. 칙칙한 연노란색이나 연한 갈색이고 가운데는 진한 갈색이다. 마르면 색이 바래서 허연색이 된다. 겉에는 길고 뚜렷하게 파인 줄이 우산살처럼 뻗어 나가면서 주름 모양을 이룬다. 갓 가운데는 구겨진 것처럼 쭈글쭈글하고 가장자리는 날카롭다. 살은 흰색이며 아주 얇고 가죽처럼 질기다.

주름살은 갓보다 조금 연한 색이고 폭이 넓다. 아주 성글며 대에 완전붙은형 또는 떨어진형으로 붙어 있다. 주름살 사이는 가는 맥으로 이어져 있다.

대는 위아래 굵기가 같고 가늘고 질긴 힘줄이 있다. 갓과 비슷한 색이며 위쪽은 가루로 덮여 있고 밑동에는 솜털 모양 균사가 붙어 있다. 하얀 균사는 낙엽 사이로 넓게 뻗어 간다. 속은 꽉 차 있다.

포자는 타원형이고 매끈하다. 포자 무늬는 흰색이다.

크기 갓 지름 3~9cm, 대 길이 5~11cm
중소형
특징 주름살이 아주 성글고 폭이 넓다.
분포 우리나라, 일본
구분 분해균

맑은애주름버섯 *Mycena pura* (Pers.) P. Kumm.

맑은애주름버섯은 갓이 여러 가지 색을 띠면서 잘 변하는 성질이 있다. 그래서 북녘에서는 색갈이줄갓버섯이라고 한다.

여름부터 가을까지 활엽수 숲이나 여러 가지 나무가 자라는 숲 속의 낙엽 위에 흩어져 나거나 무리 지어 난다. 우리나라 어디에서나 볼 수 있는 흔한 버섯이다.

독버섯으로 광대버섯과 같은 강한 독성분을 지니고 있다. 중독되면 땀이 많이 나고 헛것이 보인다. 설사, 구토, 복통이 일어나고 맥박이 느려지며, 심하면 호흡이 가빠지면서 경련이 일어나 죽기도 한다.

갓은 어릴 때는 종처럼 생겼다. 자라면서 판판해지는데 가운데는 볼록하다. 가장자리가 더 넓게 펴지면 물결치듯 구불거리거나 위로 젖혀지기도 한다. 분홍색, 자주색, 흰색, 연보라색 등 여러 가지 색을 띤다. 겉은 매끈하나 물기를 많이 머금었을 때는 우산살 모양 줄무늬가 나타난다. 살은 얇고 분홍빛을 띠며, 무나 순무 같은 맛과 향이 난다.

주름살은 갓과 거의 같은 색이다. 폭이 넓고 약간 성글며 주름살 사이는 가는 맥으로 이어져 있다. 대에 끝붙은형 또는 홈파인형으로 붙어 있다.

대는 길고 가늘며 위아래 굵기가 같다. 갓과 거의 같은 색이고 겉은 반들반들하다. 밑동은 조금 굵고 하얀 균사로 덮여 있다. 속은 비어 있다.

포자는 긴 타원형이고 매끈하다. 포자 무늬는 흰색이다.

크기 갓 지름 1~5cm, 대 길이 3~6cm 소형
특징 갓이 여러 가지 색을 띠고 잘 변한다.
분포 전 세계
구분 분해균

적갈색애주름버섯

Mycena haematopus (Pers.) P. Kumm.

적갈색애주름버섯은 갓이나 대에 상처가 나면 피처럼 검붉은 물이 나온다. 그래서 북녘에서는 피빛줄갓버섯 또는 피빛버섯이라고 한다. 학명에도 '피가 나는 대' 라는 뜻이 들어 있다.

여름부터 가을까지 죽은 활엽수 또는 침엽수의 줄기, 가지 썩은 부분, 그루터기에 뭉쳐나거나 무리 지어 난다. 때로 홀로 나기도 한다.

갓은 어릴 때는 종처럼 생겼고 자라면서 삿갓 모양이 된다. 갓 가운데가 꼭지처럼 볼록하게 튀어 나온 것도 있다. 가장자리는 자잘한 톱니 모양이다. 갈색을 띤 붉은색 또는 연한 자주색이고 가운데는 색이 진하다. 물기를 머금었을 때는 색이 진해지면서 우산살 모양 줄무늬가 나타난다. 마르면 흰색으로 되며 매끈해진다. 살은 얇고 투명하다.

주름살은 어릴 때는 회색이다가 차차 살구색으로 변하고 적갈색 얼룩이 생긴다. 약간 성글고 대에 완전붙은형으로 붙어 있다.

대는 가늘고 길며 약간 구부러져 있다. 갓과 같은 색이며 위쪽은 조금 연하다. 겉은 매끈하며 종종 꼬인 줄무늬가 나타난다. 밑동에는 거친 흰색 균사가 붙어 있다. 속은 비어 있다. 싱싱한 버섯은 핏빛 같은 검붉은 물이 차 있어서 칼로 베어 보면 피처럼 배어 나온다. 오래되어 버섯이 마르면 검붉은 물은 나오지 않는다.

포자는 넓은 타원형이며 매끈하다. 포자 무늬는 연한 미색이다.

크기 갓 지름 1~4cm, 대 길이 3~6cm
소형
특징 대를 베어 보면 핏빛 물이 나온다.
분포 전 세계
구분 분해균

이끼살이버섯 *Xeromphalina campanella* (Batsch) Kühner & Maire

죽은 나무나 베어 낸 나무줄기 위 이끼가 나 있는 곳에 흔히 난다고 이끼살이버섯이라는 이름이 붙었다. 갓은 작고 볼록한데, 가운데가 배꼽처럼 오목하게 들어가 있어서 북녘에서는 밤색애기배꼽버섯이라고 한다.

여름부터 가을까지 침엽수 숲의 쓰러진 나무, 그루터기 또는 썩은 나무줄기를 덮고 있는 이끼 위에 많은 수가 무리 지어 난다. 때로 물이끼 사이나 이끼가 덮여 있는 살아 있는 나뭇가지에서도 난다. 우리나라 어디에서나 볼 수 있는 흔한 버섯이다.

먹을 수 있는 버섯이지만 크기가 아주 작고 살도 얇아서 잘 먹지 않는다.

갓은 어릴 때는 종 모양 또는 둥근 산 모양이나 나중에는 가운데가 오목하게 꺼진다. 붉은빛을 띤 노란색이나 황갈색이고 가운데 오목한 부분은 색이 진하다. 겉은 반들반들하다. 물기를 머금으면 가장자리에 우산살 모양 줄무늬가 나타난다. 살은 얇고 노란색이다.

주름살은 약간 성글고 연한 노란색이며 대에 끝붙은형 또는 내린형으로 붙어 있다. 주름살 사이는 가는 맥으로 이어져 있다.

대는 아주 가늘고 종종 구부러져 있다. 연한 노란색이고 아래로 가면서 갈색을 띤다. 시간이 지나면 전체가 어두운 갈색이 된다. 겉은 매끈하고 단단하다. 밑동에는 흰색 또는 연한 노란빛을 띤 빳빳한 털이 있다. 속은 비어 있다.

포자는 긴 타원형이고 매끈하다. 포자 무늬는 연한 노란빛을 띤 흰색이다.

크기 갓 지름 0.8~2cm, 대 길이 1~3cm
소형

특징 갓 가운데가 배꼽처럼 오목하다.

분포 북반구 온대 지역

구분 분해균

애기밀버섯 *Gymnopus confluens* (Pers.) Antonín, Halling & Noordel.

애기버섯속에 있을 때는 밀애기버섯 또는 밀버섯이라고 불렀으나, 새 분류에서 밀버섯속이 되면서 이름도 애기밀버섯으로 바뀌었다. 낙엽이 쌓인 곳에 많이 나고 색도 낙엽과 비슷해서 북녘에서는 나도락엽버섯이라고 한다.

여름부터 가을까지 침엽수 숲 또는 활엽수가 섞여 자라는 숲 속 낙엽이 많이 쌓인 곳에 뭉쳐나거나 무리 지어 난다. 특히 너도밤나무 둘레에 많이 난다. 썩은 나무, 정원, 잔디밭 같은 곳에서도 볼 수 있는 아주 흔한 버섯이다.

먹는 버섯이지만 얇고 크기도 작은 데다가 날것을 먹으면 중독되므로 잘 먹지 않는다. 항생 물질이 들어 있어 약재로 쓴다.

갓은 어릴 때는 둥근 산 모양이고 자라면서 판판해진다. 때로 가장자리가 구불거리거나 위로 젖혀지기도 한다. 살구색 또는 적갈색이며 가장자리는 색이 연하다. 자라면서 점점 색이 바래서 거의 허연색이 되지만 가운데는 진한 색이 그대로 남는다. 겉은 매끈하며 가는 줄무늬 또는 주름이 있다. 살은 흰색 또는 연한 노란색이고 아주 얇다.

주름살은 흰색이고 자라면서 점점 살구색이 된다. 폭이 아주 좁고 빽빽하며 대에 완전붙은형 또는 끝붙은형으로 붙어 있다.

대는 위아래 굵기가 비슷하다. 가끔 비틀리거나 살짝 눌린 것도 있다. 갓과 같은 색이며 겉에는 희고 짧은 털이 빽빽하게 덮여 있다. 밑동에는 솜털 모양 균사가 있어서 낙엽에 붙는다. 속은 비어 있다.

포자는 긴 타원형이고 매끈하다. 포자 무늬는 흰색이나 연한 노란색이다.

크기 갓 지름 1~3cm, 대 길이 3~9cm
소형
특징 대 전체에 짧은 털이 있다.
분포 북반구 지역, 아프리카
구분 분해균

표고 *Lentinula edodes* (Berk.) Pegler

참나무에 많이 난다고 북녘에서는 참나무버섯이라고도 한다.

한 해에 두 번, 봄과 가을에 죽은 상수리나무, 졸참나무, 너도밤나무 같은 활엽수의 줄기나 나뭇가지, 그루터기에 홀로 나거나 무리 지어 난다.

우리나라 사람들이 즐겨 먹는 버섯으로 오래전부터 길러 먹었다. 베어 낸 참나무 줄기에 구멍을 뚫고 균사를 심어 기른다. 요즈음은 톱밥 재배도 하는데, 맛과 향이 야생종이나 나무에 기른 것만 못하다. 햇볕에 말리면 비타민 D가 많이 생기고 향이 더 짙어진다. 항암 성분이 있어 약재로도 쓴다.

갓은 둥근 산 모양이고 가장자리가 강하게 안쪽으로 말려 있으나 자라면서 판판해진다. 갈색이나 흑갈색이고 겉에는 실 모양 비늘 조각이 덮여 있다. 때로 거북등무늬처럼 갈라지기도 한다. 가장자리에는 하얀 솜털이 붙어 있다가 곧 없어진다. 살은 흰색이며 마르면 연한 노란색이 된다. 두껍고 탱탱하며 짙은 향이 난다.

주름살은 흰색이며 빽빽하다. 대에 홈파인형 또는 끝붙은형으로 붙어 있다. 주름살 날은 톱니 모양이다.

대는 원통형이며 밑동 부분은 가늘거나 한쪽으로 구부러져 있다. 흰색이며 아래로 가면서 갈색을 띤다. 턱받이 아래쪽에는 실 모양 비늘 조각이 있다. 솜털 모양 턱받이는 대 위쪽에 붙어 있다가 곧 떨어져 나간다.

포자는 타원형이며 매끈하다. 포자 무늬는 흰색이다.

크기 갓 지름 3~20cm, 대 길이 2~9cm
중형
특징 한 해에 두 번 난다.
분포 우리나라, 동아시아, 유럽, 뉴질랜드
구분 분해균

화경버섯 *Omphalotus japonicus* (Kawam.) Kirchm. & O.K. Mill.

밤에 희미하게 빛을 낸다고 달버섯이라고도 한다. 낙엽버섯과나 송이과로 나누기도 했으나 새 분류에서 화경버섯과로 되었다. 느타리와 닮은 독버섯이라고 북녘에서는 독느타리버섯이라고 한다.

이른 여름부터 가을까지 죽은 활엽수 나무줄기에 무리 지어 나거나 겹쳐 난다. 너도밤나무, 고로쇠나무, 서어나무 들에 흔히 난다.

중독되면 복통, 구토, 설사가 일어나고 심하면 죽기도 할 만큼 강한 독을 지녔다. 표고나 느타리처럼 나무에서 나고 생김새도 닮아서 중독 사고가 많이 난다. 우리나라에서는 보기 드문 버섯이라 중독 사고가 그리 많지 않다.

갓은 둥근 산 모양이다가 자라면서 판판해져 반원이나 조개 모양이 된다. 황갈색이고 겉에는 작은 비늘 조각이 있다. 다 자라면 자갈색이나 암갈색이 되고 반들반들해진다. 살은 희고 아주 두꺼우나 가장자리는 얇다.

주름살은 어릴 때는 연한 노란빛을 띠나 다 자라면 흰색이 된다. 폭이 넓고 약간 빽빽하며 대에 내린형으로 붙어 있다. 주름살과 포자는 어두운 곳에서 푸르스름한 빛을 내는데, 이 빛으로 벌레들을 꾀어 들여 포자를 퍼뜨린다.

대는 짧고 굵으며 흔히 갓 옆면에 붙는다. 색은 갓보다 연하다. 주름살과 만나는 곳에는 턱받이 흔적이 볼록하게 띠 모양으로 남아 있다. 속에는 검은 반점이 있다.

포자는 둥글고 매끈하다. 포자 무늬는 회백색이다.

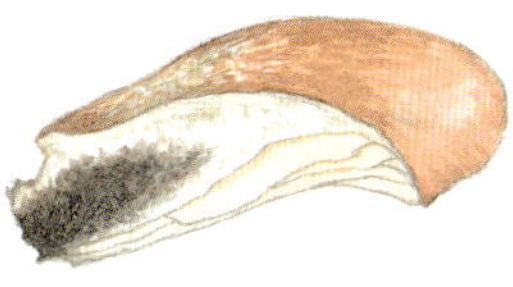

반으로 갈라 보면 대에 검은 반점이 있다.

크기 갓 지름 7~23cm, 대 길이 1~3cm
대형
특징 어두운 곳에서 푸르스름한 빛을 낸다.
분포 우리나라, 일본, 러시아
구분 분해균

뽕나무버섯 *Armillaria mellea* (Vahl) P. Kumm.

갓 색이 벌집이나 꿀 색을 닮았다고 서양에서는 꿀버섯이라고 부른다. 북녘에서는 개암나무버섯 또는 개암버섯이라고 한다.

여름부터 가을까지 살아 있는 활엽수나 침엽수의 밑동, 베어 낸 그루터기, 쓰러진 나무줄기, 죽은 가지에 무리 지어 나거나 뭉쳐난다.

밑동에 있는 검은 철사처럼 생긴 긴 균사 다발이 나무껍질 아래로 넓게 뻗어 가면서 나무를 죽게 한다. 특히 벚나무, 낙엽송, 소나무, 삼나무의 뿌리에 파고들어 뿌리를 썩혀 죽게 하는 해로운 버섯이다. 한편 한약재로 많이 쓰는 천마를 키우는 데 없어서는 안 될 이로운 버섯이기도 하다.

맛과 향이 아주 좋아 널리 먹는 버섯이지만, 날것을 먹거나 익힌 것이라도 한 번에 많이 먹으면 중독될 수 있으니 조심해야 한다.

갓은 어릴 때는 둥근 산 모양이다. 자라면서 판판해지는데 가운데는 약간 오목하다. 연한 갈색이나 황갈색이고 가운데에는 흑갈색 거친 비늘 조각이 빽빽하게 덮여 있다. 가장자리에는 가는 줄무늬가 있다. 살은 흰색이고 두껍다.

주름살은 흰색이며 차차 연한 갈색 얼룩이 생긴다. 약간 성글고 대에 내린형으로 붙어 있다.

대는 위아래 굵기가 비슷하거나 아래가 약간 부풀었다. 연한 갈색이고 아래로 갈수록 검다. 턱받이 위쪽은 흰색이고 세로로 가는 힘줄이 있다. 속은 차차 빈다. 하얀 턱받이는 대 위쪽에 붙어 있다.

포자는 타원형이며 매끈하다. 포자 무늬는 흰색 또는 연한 노란색이다.

크기 갓 지름 3~10cm, 대 길이 4~11cm
중소형
특징 검은 균사 다발이 나무뿌리를 썩힌다.
분포 전 세계
구분 기생균

뽕나무버섯부치 *Armillaria tabescens* (Scop.) Emel

뽕나무버섯부치는 뽕나무버섯과 생김새가 아주 닮았으나 턱받이가 없는 점이 다르다. 뽕나무버섯보다 갓 색이 밝고 크기가 조금 작다. 북녘에서는 나도개암버섯이라고 한다.

여름부터 가을까지 죽은 활엽수의 그루터기, 쓰러진 나무, 살아 있는 나무 밑동이나 껍질에 뭉쳐나거나 무리 지어 난다. 뽕나무버섯과 같이 검은 철사처럼 생긴 균사 다발이 나무뿌리에 파고들어 병을 일으키기도 하고 천마를 재배하는 데 쓰이기도 한다.

먹는 버섯이지만 날것을 먹으면 중독될 수 있으니 꼭 익혀 먹어야 한다. 소화가 잘 안 되므로 한 번에 많이 먹지 않도록 한다.

갓은 어릴 때는 둥근 산 모양이다. 자라면서 판판해지는데 가운데가 오목하게 들어가 깔때기 모양이 되기도 한다. 연한 갈색이나 황갈색이고 가운데에는 가는 갈색 비늘 조각이 빽빽하게 덮여 있다. 가장자리에는 우산살 모양 가는 줄무늬가 있다. 살은 흰색이고 얇다.

주름살은 흰색이며 차차 갈색 얼룩이 생긴다. 조금 성글고 대에 완전붙은형 또는 짧게 내린형으로 붙어 있다.

대는 길고 굽었거나 종종 비틀려 있다. 갓과 거의 같은 색이고 밑동 쪽은 검은색에 가깝다. 겉에는 가는 힘줄이 있다. 속은 차차 빈다.

포자는 넓은 타원형이고 매끈하다. 포자 무늬는 흰색 또는 연한 노란색이다.

크기 갓 지름 2~5cm, 대 길이 4~11cm
중소형
특징 뽕나무버섯과 닮았지만 턱받이가 없다.
분포 북반구 온대 지역
구분 기생균

팽나무버섯 *Flammulina velutipes* (Curtis) Singer

팽나무버섯은 팽이버섯이라고도 한다. 북녘에서도 팽나무버섯이라고 한다.

늦가을부터 이듬해 봄까지 팽나무, 미루나무, 버드나무, 감나무, 뽕나무, 무화과 같은 활엽수의 베어 낸 나무줄기, 그루터기나 죽은 나뭇가지에 뭉쳐나거나 무리 지어 난다. 겨울철에도 날씨가 따뜻하면 나기도 한다.

달콤한 향이 나고 맛도 부드러워 즐겨 먹는 버섯이다. 우리가 흔히 먹는 팽이버섯은 팽나무버섯을 흰색으로 키워 낸 것이다. 잘 구운 빵처럼 황갈색을 띤 둥글넓적한 야생종과는 달리 재배종은 갓이 작고 콩나물같이 길쭉하다. 맛과 향은 야생종을 따라갈 수 없지만 오래 두고 먹을 수 있어서 좋다. 처음에는 나무에다 재배했으나 지금은 톱밥을 써서 병 재배를 한다.

갓은 어릴 때는 둥근 산 모양이고 자라면서 판판해진다. 가장자리는 어릴 때는 안쪽으로 말려 있으나 다 피면 위로 젖혀지면서 구불구불해진다. 황갈색이나 밤색이고 가장자리는 색이 연하다. 살은 연하고 두껍다.

주름살은 흰색 또는 연한 노란빛을 띤다. 약간 성글고 대에 끝붙은형 또는 홈파인형으로 붙어 있다. 주름살 사이는 가는 맥으로 이어져 있다.

대는 길며 위아래 굵기가 비슷하다. 황갈색 또는 암갈색인데 위쪽은 색이 연하다. 겉은 짧은 털이 빽빽하게 덮고 있다. 속은 차 있으나 차차 빈다.

포자는 타원형이고 매끈하다. 포자 무늬는 흰색이다.

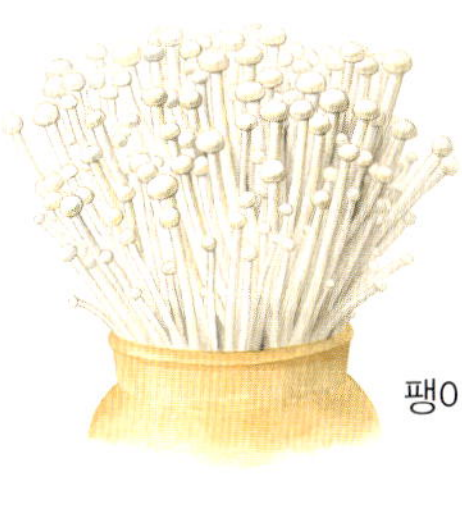

팽이버섯(재배종)

크기 갓 지름 1~7cm, 대 길이 2~8cm
소형
특징 겨울철에도 난다.
분포 전 세계
구분 분해균

끈적끈끈이버섯 *Oudemansiella mucida* (Schrad.) Höhn.

끈적끈끈이버섯은 갓과 대에 끈적끈적한 점액이 덮여 있는 희고 아름다운 버섯이다. 최근까지 끈적민뿌리버섯이라고 불렀는데, 속명 Oudemansiella를 끈끈이버섯속으로 바꾸어 부르게 되면서 이름도 끈적끈끈이버섯으로 바꾸었다. 북녘에서는 진득고리버섯이라고 한다.

여름부터 가을까지 서어나무, 벚나무, 너도밤나무 같은 활엽수의 베어 낸 그루터기, 쓰러진 나무줄기나 떨어진 나뭇가지에 뭉쳐나거나 무리 지어 난다.

먹는 버섯으로 끓이면 맛있는 즙이 우러나서 흔히 국물 요리에 쓴다.

갓은 어릴 때는 둥근 산 모양이고 자라면서 판판해진다. 흰색이고 가운데는 연한 갈색을 띤다. 두꺼운 점액에 덮여 있어 물기를 머금으면 끈적거리고 흐릿한 우산살 모양 줄무늬가 나타난다. 점액이 떨어지거나 마르면 비단같이 반들거린다. 살은 흰색이고 얇다.

주름살은 흰색이고 폭이 아주 넓다. 성글고 대에 완전붙은형으로 붙어 있다. 주름살 사이는 가는 맥으로 이어져 있다.

대는 위아래 굵기가 비슷하거나 아래쪽이 약간 굵고 흔히 구부러져 있다. 흰색이고 아랫부분에는 회갈색 비늘 조각이 덮여 있다. 속은 차 있고 단단하다. 얇고 하얀 턱받이는 대 위쪽에 붙어 있다.

포자는 넓은 타원형이고 매끈하다. 포자 무늬는 흰색이다.

크기 갓 지름 2~7cm, 대 길이 4~10cm
중소형
특징 끈적끈적한 점액이 덮여 있다.
분포 북반구 온대 지역
구분 분해균

느타리 *Pleurotus ostreatus* (Jacq.) P. Kumm.

미루나무에서 많이 난다고 미루나무버섯이라고도 한다. 북녘에서는 느타리버섯이라고 한다.

느타리는 늦가을과 봄에 두 번 난다. 팽나무버섯과 함께 겨울에 볼 수 있는 대표적인 버섯이다. 흔히 활엽수의 죽은 나뭇가지나 그루터기, 쓰러진 나무 줄기에 무리 지어 나거나 여럿이 겹쳐 난다.

맛과 향이 좋고 씹는 맛이 고기처럼 쫄깃해서 우리나라 사람들이 즐겨 먹는 버섯이다. 가장 많이 재배되는 버섯으로 버드나무, 밤나무 같은 활엽수 골목*에 재배한다. 요즈음에는 톱밥이나 볏짚, 폐솜을 이용하여 병 또는 상자에 재배하는데, 맛이 야생종이나 원목에 기른 버섯만 못하다.

갓은 어릴 때는 둥근 산 모양이고 가장자리가 안으로 말려 있다. 자라면서 반원이나 조개 모양이 되는데, 가운데가 움푹 들어가 깔때기 모양이 되기도 한다. 가을에 나는 것은 갓이 회색빛을 띤 파란색인데 어린 것은 검은색에 가깝다. 자라면서 색이 연해져 회갈색, 회색으로 변하고 거의 흰색이 되기도 한다. 겉은 매끈하고 약간 축축한 느낌이 있다. 살은 흰색이며 두껍고 탱탱하다.

주름살은 흰색 또는 회색이다. 빽빽하며 대에 내린형으로 붙어 있다.

대는 갓에 살짝 옆으로 붙어 있고 아주 짧다. 때로 없는 것도 있다. 흰색이며 밑동에는 짧고 가는 균사가 털처럼 빽빽하게 붙어 있다. 속은 차 있다.

포자는 원통형이고 매끈하다. 포자 무늬는 흰색 또는 연분홍색이다.

* 골목(榾木): 버섯 균이 퍼져 있는 원목을 말하며 버섯나무라고도 한다.

크기 갓 지름 4~20cm, 대 길이 1~4cm
중대형
특징 나는 철에 따라 갓 색이 다르다.
분포 전 세계
구분 분해균

노란난버섯 *Pluteus leoninus* (Schaeff.) P. Kumm.

빨간난버섯
Pluteus aurantiorugosus (Trog) Sacc.
생김새는 노란난버섯과 같으나 조금 작고 갓과 대가 주황색 또는 진한 붉은빛을 띤다.

노란난버섯은 노란그늘치마버섯이라고도 한다. 북녘에서는 노란갓노루버섯이라고 한다.

봄부터 가을까지 활엽수 숲 속 썩은 참나무 줄기나 베어 낸 나무줄기에 뭉쳐나거나 무리 지어 난다. 표고버섯이나 불로초를 기르고 난 썩은 골목이나 톱밥 위에 나기도 한다.

먹을 수 있는 버섯이지만 크기가 작고 특별한 맛이 없어서 잘 먹지 않는다. 하지만 색이 고와서 요리에 멋으로 곁들이기도 한다.

갓은 어릴 때는 종 모양 또는 둥근 산 모양이다. 자라면서 판판해지는데 가운데는 볼록하고 투명한 잔주름이 있다. 밝고 맑은 노란색이며 겉은 반들반들하다. 물기를 머금으면 가장자리에 우산살 모양 줄무늬가 뚜렷하게 나타난다. 살은 연한 노란색이고 얇다.

주름살은 흰색이다가 포자가 익으면 살구색이 된다. 빽빽하며 대에 떨어진 형으로 붙어 있다 .

대는 위아래 굵기가 비슷하거나 위로 가면서 조금 가늘어지고 밑동은 약간 부풀었다. 흰색이며 연한 노란빛을 띤다. 세로로 질기고 가는 힘줄이 있다. 아래쪽에는 점 같은 진한 갈색 비늘 조각이 붙어 있다. 속은 차 있다. 턱받이와 대주머니는 없다.

포자는 둥그스름하며 매끈하다. 포자 무늬는 연한 살구색이다.

크기 갓 지름 3~6cm, 대 길이 3~8cm
소형
특징 다 자란 버섯은 주름살이 살구색이다.
분포 우리나라, 동아시아, 유럽, 북아메리카
구분 분해균

풀버섯 *Volvariella volvacea* (Bull.) Singer

풀버섯은 총각버섯 또는 숫총각버섯이라고도 한다. 커다란 대주머니가 밑동을 싸고 있어 북녘에서는 주머니버섯이라고 한다. 생김새가 흰비단털버섯과 닮았으나 갓과 대주머니가 흑갈색이다.

여름철 온도가 높고 습기가 많을 때 퇴비 더미나 톱밥, 쓰레기가 쌓여 있는 곳에 홀로 나거나 무리 지어 난다.

흔히 알처럼 생긴 어린 버섯을 먹는데, 맛과 향이 아주 좋고 살도 연해 중국이나 타이에서는 가장 많이 먹는 버섯이다. 많은 양분을 지니고 있고 특히 비타민 C가 많아 괴혈병 예방에 좋다고 한다. 요리에 쓰는 것은 거의 재배한 것이다. 표고, 양송이와 더불어 '세계 3대 재배 버섯'으로 통한다.

어린 자실체는 검은색 달걀처럼 생겼고 꼭대기를 찢고 갓과 대가 나온다. 갓은 어릴 때는 종 모양이다. 자라면서 판판해지는데 가운데는 약간 볼록하다. 회갈색이나 흑갈색이며 가운데는 색이 진하다. 겉은 비단실 같은 검고 가는 비늘 조각이 빽빽하게 덮여 있다. 살은 흰색 또는 회백색이다.

주름살은 흰색이다가 포자가 익으면 살구색이 된다. 빽빽하며 대에 떨어진 형으로 붙어 있다. 주름살 날은 가루 모양이다.

대는 위로 가면서 가늘어지며 밑동은 둥글게 부풀었다. 흰색이나 연한 갈색이고 겉은 매끈하다. 속은 차 있고 자라면서 빈다. 커다랗고 두꺼운 흑갈색 대주머니가 밑동을 싸고 있다가 꽃잎 모양으로 찢어진다.

포자는 긴 타원형이고 매끈하다. 포자 무늬는 살구색이다.

크기 갓 지름 3~15cm, 대 길이 4~14cm
중대형
특징 중국 남부, 동남아시아에 많이 난다.
분포 우리나라, 중국, 동남아시아, 유럽
구분 분해균

흰비단털버섯 *Volvariella bombycina* (Schaeff.) Singer

어릴 때 갓에 닿을 정도로 커다란 노란색 대주머니가 대 밑동을 싸고 있어서 북녘에서는 노란주머니버섯이라고 한다.

여름부터 가을까지 죽은 활엽수 줄기, 그루터기, 썩은 나뭇가지에 홀로 나거나 무리 지어 난다. 버드나무나 피나무에 잘 자라며 퇴비 더미에서도 난다.

먹을 수 있는 버섯이나 맛은 보통이다.

어린 자실체는 달걀처럼 생겼고 꼭대기를 찢고 갓과 대가 나온다. 갓은 어릴 때는 종 모양 또는 둥근 산 모양이다가 자라면서 판판해진다. 흰색 또는 연한 노란빛을 띠며 겉에는 반들거리는 가는 비늘 조각이 털같이 빽빽하게 덮여 있다. 살은 흰색 또는 연한 노란색이고 두꺼우나 가장자리로 가면서 갑자기 얇아진다. 가장자리가 주름살보다 길게 자라 갓 깃을 만들기도 한다.

주름살은 처음에는 흰색이다가 포자가 익으면 살구색이 된다. 폭이 넓고 빽빽하며 대에 떨어진형으로 붙어 있다. 주름살 날은 가루 모양이다.

대는 아래로 가면서 가늘어지며 밑동은 둥글게 부풀었다. 흰색이고 겉은 매끈하다. 속은 차 있고 자라면서 빈다. 커다란 컵처럼 생긴 대주머니가 밑동을 싸고 있다가 꽃잎 모양으로 찢어진다. 대주머니는 연한 황갈색이고 두꺼우며 겉에는 비늘 조각이 붙어 있다.

포자는 넓은 타원형이며 매끈하다. 포자 무늬는 살구색이다.

크기 갓 지름 6~20cm, 대 길이 4~14cm
대형
특징 대주머니가 아주 크다.
분포 전 세계
구분 분해균

황갈색먹물버섯

Coprinellus radians (Desm.) Vilgalys, Hopple & Jacq. Johnson

먹물버섯속에서 갈색먹물버섯속으로 바뀌면서 이름도 노랑먹물버섯에서 황갈색먹물버섯으로 바뀌었다. 북녘에서는 작은반들먹물버섯이라고 한다.

여름부터 가을까지 벚나무, 참나무, 수양버들 같은 활엽수 그루터기나 썩은 나무줄기에 뭉쳐나거나 무리 지어 난다.

독성은 없지만 별맛이 없고 잘 부스러지며 크기도 작아 거의 먹지 않는다.

갓은 어릴 때는 달걀처럼 생겼다. 자라면서 종 모양을 거쳐 거의 판판하게 핀다. 황갈색이다가 차차 색이 연해진다. 겉에는 솜 부스러기나 비듬처럼 생긴 허연 비늘 조각이 덮여 있으나 쉽게 떨어져 나가 매끈해진다. 가장자리에는 우산살 모양 주름이 있다. 흔히 밤에 피었다가 금세 시들거나 녹아 버리기 때문에 활짝 핀 것은 보기 힘들다. 살은 얇고 흰색이다.

주름살은 흰색이다가 차차 갈색이 된다. 포자가 다 익으면 검붉은 색이 되어 가장자리부터 녹아내리는데, 먹물버섯처럼 많이 녹아내리지는 않는다. 약간 빽빽하며 대에 끝붙은형 또는 떨어진형으로 붙어 있다.

대는 위아래 굵기가 같다. 흰색이고 겉은 매끈하다. 속은 비었다.

밑동과 그 둘레에는 소털같이 생긴 빳빳한 황갈색 균사 무리*가 덮여 있는데, 나무줄기 전체에 융단처럼 퍼지기도 한다. 때로 버섯이 생기지 않았을 때도 볼 수 있다.

포자는 콩팥 모양 또는 타원형이고 매끈하다. 포자 무늬는 검은색이다.

* 오조늄 Ozonium이라고 한다.

크기 갓 지름 2~3cm, 대 길이 2~5cm
소형

특징 둘레에 황갈색 균사 무리가 있다.

분포 북반구 지역

구분 분해균

두엄먹물버섯

Coprinopsis atramentaria (Bull.) Redhead, Vilgalys & Moncalvo

두엄먹물버섯도 먹물버섯처럼 갓과 주름살이 검게 녹아내린다. 북녘에서는 먹물버섯* 이라고 한다.

봄부터 늦가을까지 두엄 더미, 목장, 쓰레기장, 밭 같은 거름기가 많은 곳에 뭉쳐나거나 무리 지어 난다. 갈라진 아스팔트 틈에서도 자랄 만큼 생명력이 강하다.

코프린coprine이란 독성분이 들어 있어서 술과 함께 먹으면 가슴이 심하게 뛰고, 메스껍거나 현기증, 호흡 곤란 같은 중독 증상이 나타난다. 이 버섯을 먹고 2~3일 지난 다음에도 술을 먹으면 같은 중독 증상이 나타난다.

갓은 어릴 때는 달걀처럼 생겼다가 자라면서 종 모양이 된다. 회색이나 연한 회갈색이다. 가끔 가는 갈색 비늘 조각이 붙어 있으나 곧 떨어져 나가고 매끈해진다. 가장자리에는 파인 줄무늬가 나타나고 결 따라 찢어지기도 한다. 살은 흰색이고 잘 부스러진다.

주름살은 처음에는 회색이나 차차 적갈색이 된다. 나중에는 검은색이 되어 가장자리부터 녹아내리는데, 하루 이틀이면 다 녹아서 대만 남는다. 빽빽하며 대에 끝붙은형으로 붙어 있다.

대는 위로 가면서 약간 가늘어지고 밑동은 무처럼 길게 땅속으로 뻗어 있다. 다 자라면 속이 빈다. 턱받이는 중간 또는 아래쪽에 있는데 쉽게 떨어져 나가 흔적만 남기도 한다.

포자는 타원형이고 매끈하다. 포자 무늬는 검은색이다.

* 먹물버섯 *Coprinus comatus*의 북녘 이름은 비늘먹물버섯이다.

크기 갓 지름 5~8cm, 대 길이 4~15cm
중형
특징 술과 함께 먹으면 중독된다.
분포 전 세계
구분 분해균

큰눈물버섯 *Lacrymaria lacrymabunda* (Bull.) Pat.

큰눈물버섯은 늦은 봄부터 가을까지 여러 가지 나무가 섞여 자라는 숲 속 땅 위나 거름기가 많은 풀밭, 정원, 길가 들에 무리 지어 난다. 어디에서나 볼 수 있는 흔한 버섯이다.

독성분은 없지만 맛도 없고 잘 부서지는 데다가 색이나 생김새도 그다지 먹음직스럽지 않아 거의 먹지 않는다.

갓은 어릴 때는 종 모양이나 둥근 산 모양이다. 자라면서 판판해지는데 가운데는 나지막하게 솟아 있다. 황토색 또는 황갈색이고 겉에는 짧고 거친 털 모양 비늘 조각이 빽빽하게 덮여 있다. 가장자리에는 하얀 내피막 자투리가 수염처럼 늘어져 붙어 있으나 곧 떨어져 나간다. 살은 연한 녹갈색이며 가운데는 두껍고 가장자리는 얇다.

주름살은 처음에는 연한 황갈색이다. 차차 검은색 얼룩이 생기다가 나중에는 검은색이 된다. 빽빽하며 대에 완전붙은형으로 붙어 있다. 주름살 날은 하얀 가루 모양이다.

대는 원통형이며 아래가 약간 굵다. 연한 황갈색이고 갓과 같은 비늘 조각이 붙어 있다. 속은 비어 있다. 거미줄 모양 흰색 턱받이는 대 위쪽에 붙어 있는데, 포자가 떨어지면 검게 물든다. 쉽게 떨어져 나가 흔적만 남기도 한다.

포자는 타원형이고 살구씨처럼 거친 돌기가 있다. 포자 무늬는 검은색이다.

크기 갓 지름 2~9cm, 대 길이 3~8cm
중소형
특징 포자가 살구씨처럼 생겼다.
분포 북반구 지역
구분 분해균

개암버섯 *Hypholoma lateritium* (Schaeff.)P.Kummer

'산의 쇠고기' 라고 할 만큼 맛이 좋은 버섯이지만 독버섯인 노란개암버섯과 닮아서 헷갈리기 쉬우므로 아주 잘 살펴보아야 한다. 북녘에서는 밤나무에 흔히 난다고 밤버섯이라고 부른다.

늦가을에 개암나무나 밤나무 같은 활엽수의 그루터기나 쓰러진 나무줄기에 많은 수가 다발로 무리 지어 난다. 노란개암버섯이 흔히 침엽수에서 나는 것과 달리 활엽수에서만 난다.

맛있고 씹는 맛도 좋아 널리 먹는 버섯이다. 그러나 날것을 먹거나, 익힌 것이라도 한 번에 많이 먹으면 탈이 날 수 있으니 주의해야 한다. 지금은 인공 재배도 한다.

갓은 둥근 산 모양이다가 차차 판판해진다. 연한 밤색이나 적갈색으로 가운데는 색이 진하고 가장자리로 가면서 색이 연해진다. 가장자리에는 흰색 비늘 조각이 있다. 살은 노란색을 띤 흰색이며 두껍고 단단하다. 노란개암버섯과 달리 쓴맛이나 특별한 냄새가 없다.

주름살은 대에 완전붙은형 또는 홈형으로 붙어 있고, 약간 빽빽하다. 처음에는 노란색을 띤 흰색이었다가 차차 황갈색을 거쳐 자줏빛을 띤 암갈색이 된다.

대는 위아래 굵기가 비슷하거나 아래가 약간 굵다. 흰색이나 연한 노란색이고 밑동은 적갈색을 띤다. 겉에는 실 모양 비늘 조각이 빽빽하게 덮여 있다. 속은 차 있다. 턱받이는 없다.

포자는 타원형이며 매끈하다. 포자 무늬는 자줏빛을 띤 갈색이다.

크기 갓 지름 3~8cm, 대 길이 5~12cm
중소형
특징 독버섯인 노란개암버섯과 닮았다.
분포 북반구 온대 이북
구분 분해균

노란개암버섯 *Hypholoma fasciculare* (Huds.) P. Kumm.

개암버섯과 닮았지만 주름살이 빽빽하고 대가 가늘다. 맛이 좋은 개암버섯과 달리 쓴맛이 강한 독버섯이다. 그래서 북녘에서는 쓴밤독버섯이라고 한다.

봄부터 늦가을까지 침엽수의 죽은 가지나 그루터기에 뭉쳐나거나 무리 지어 난다. 때로 활엽수나 대나무의 썩은 가지에도 난다.

독성이 아주 강한 버섯이다. 어릴 때는 색이 노랗고 다발로 난 모습이 먹음직스러운 데다가 어디에서나 흔하게 나는 버섯이라 중독 사고가 많이 난다. 먹으면 독이 온몸으로 빠르게 퍼져 복통, 구토, 설사를 일으킨다. 심하면 경련이 일어나 정신을 잃기도 한다. 어린이가 목숨을 잃은 일도 있다.

갓은 어릴 때는 둥근 산 모양이고 자라면서 판판해진다. 연한 노란색이며 가운데는 약간 갈색을 띤다. 차차 푸른빛을 띠어 나중에는 녹황색이 된다. 겉은 매끄럽고 살은 노란색이다.

주름살은 연한 노란색이다가 녹황색이 되고 포자가 다 익으면 검붉은 빛을 띤 갈색이 된다. 빽빽하며 대에 완전붙은형 또는 홈파인형으로 붙어 있다.

대는 길고 가늘며 구부러져 있다. 갓과 거의 같은 색이지만 아래로 갈수록 진한 갈색을 띤다. 겉은 매끈하고 반들거린다. 속은 비어 있다. 거미집 모양 턱받이는 대 위쪽에 붙어 있는데 쉽게 떨어져 나간다. 밑동에 솜털 모양 하얀 균사가 보이는 것도 있다.

포자는 타원형이고 매끈하다. 포자 무늬는 자갈색이다.

크기 갓 지름 2~8cm, 대 길이 5~12cm
중소형
특징 먹음직스럽게 생겼지만 강한 독을 지녔다.
분포 전 세계
구분 분해균

갈황색미치광이버섯

Gymnopilus spectabilis (Fr.) Singer

이 버섯을 많이 먹으면 환각 증상이 일어나 미친 듯이 날뛰거나 웃는다고 갈황색미치광이버섯이라는 이름이 붙었다. 북녘에서는 웃음독벚은갓버섯이라고 한다.

독버섯으로 신경 계통에 이상을 일으킨다. 버섯을 먹은 지 10분쯤 지나면 몸이 떨리거나 현기증이 나면서 지나친 홍분 또는 환각 증상이 일어난다. 독성은 강하지 않아 시간이 지나면 저절로 낫는다.

여름부터 가을까지 졸참나무, 모밀잣밤나무, 물참나무 같은 활엽수가 자라는 숲 속의 죽은 나무줄기, 밑동, 땅에 묻힌 나무나 살아 있는 나무의 썩은 가지에 뭉쳐나거나 무리 지어 난다. 드물게 침엽수 숲에도 난다.

갓은 어릴 때는 둥근 산 모양이고 자라면서 차차 판판해진다. 황금색 또는 갈황색이며 겉은 매끈하다. 갓이 피면서 겉껍질이 터져 실 모양의 부드럽고 가는 비늘 조각이 생긴다. 가장자리는 안으로 말려 있다. 살은 연한 노란색이고 단단하며 쓴맛이 있다.

주름살은 노란색이다가 밝은 적갈색이 된다. 빽빽하며 대에 짧게 내린형 또는 홈파인형으로 붙어 있다.

대는 길고 밑동은 부풀었다가 다시 가늘어져 끝이 거의 뾰족하다. 갓보다 조금 연한 색이고 겉에는 실 모양 비늘 조각이 퍼져 있다. 얇고 노란 턱받이는 대 위쪽에 붙어 있다.

포자는 타원형이며 작은 돌기가 있다. 포자 무늬는 황갈색이다.

크기 갓 지름 3~14cm, 대 길이 5~15cm
중대형
특징 중독되면 미친 듯이 웃는다.
분포 전 세계
구분 분해균

검은비늘버섯 *Pholiota adipose* (Batsch) P. Kumm.

검은비늘버섯은 침비늘버섯과 닮았지만 물기를 머금으면 갓에 붙은 비늘 조각까지 끈적거리는 점이 다르다. 갓이 끈적해지면 기름에 담갔다가 꺼낸 것처럼 번들거려 북녘에서는 기름비늘갓버섯 또는 기름버섯이라고 한다.

먹는 버섯으로 맛은 좋으나 날것을 먹으면 중독될 수 있으니 꼭 익혀 먹어야 한다. 약용으로도 쓴다.

봄부터 가을까지 너도밤나무, 물참나무, 오리나무, 미루나무 같은 활엽수의 그루터기, 쓰러진 나무줄기, 썩은 가지에 뭉쳐나거나 무리 지어 난다.

갓은 어릴 때는 둥글고 가장자리가 안쪽으로 말려 있다. 자라면서 둥근 산 모양이 되었다가 판판하게 핀다. 연한 노란색이며 가운데는 황갈색이다. 겉에는 황갈색 또는 적갈색 비늘 조각이 빽빽하게 퍼져 있다. 비늘 조각은 납작하게 눌려 있거나 끝이 손거스러미처럼 위로 젖혀져 있다. 살은 두껍고 연한 노란색이다.

주름살은 흰색 또는 연한 노란색이다가 차차 적갈색이 된다. 빽빽하며 대에 완전붙은형으로 붙어 있다.

대는 위아래 굵기가 비슷하고 흔히 구부러져 있다. 흰색 또는 연한 노란색이고 아래로 가면서 점점 어두운 적갈색이 된다. 겉에는 황갈색의 거친 비늘 조각이 붙어 있고 물기를 머금으면 끈적거린다. 속은 차 있다. 솜털 모양 턱받이는 흔적만 남아 있다.

포자는 타원형이고 매끈하다. 포자 무늬는 적갈색이다.

크기 갓 지름 3~7cm, 대 길이 5~11cm
중소형
특징 물기를 머금으면 자실체 전체가
끈적거린다.
분포 우리나라, 일본, 중국, 유럽, 북아메리카
구분 분해균

침비늘버섯 *Pholiota squarrosoides* (Peck) Sacc.

침같이 생긴 뾰족한 비늘 조각이 갓을 빽빽하게 덮고 있어서 침비늘버섯이라는 이름이 붙었다. 북녘에서도 같은 이름으로 부른다.

여름부터 가을까지 활엽수 숲 속의 죽은 나무줄기나 그루터기에 무리 지어 나거나 뭉쳐난다.

독성분이 밝혀지지 않아 먹는 버섯으로 분류하지만 구토, 설사, 복통을 일으키기도 하므로 주의해야 한다.

갓은 어릴 때는 거의 둥글며 자라면서 둥근 산 모양이 된다. 드물게 판판해지기도 하나 가운데는 약간 볼록하다. 연한 노란색이고 물기를 머금으면 약간 끈적거린다. 겉에는 연한 황갈색을 띤 뾰족한 비늘 조각이 퍼져 있는데, 가운데는 촘촘하게 몰려 있고 가장자리로 갈수록 듬성듬성하다. 비늘 조각은 위로 반듯하게 붙어 있다. 겉이 마르면 갓 가운데가 십자 모양으로 갈라져 속살이 보이기도 한다. 살은 허연색이며 두껍고 질기다.

주름살은 흰색 또는 연한 노란빛을 띠며 종종 연한 적갈색 얼룩이 생기기도 한다. 빽빽하며 대에 완전붙은형으로 붙어 있다.

대는 짧고 위아래 굵기가 비슷하거나 아래가 약간 가늘다. 연한 노란색이고 밑동은 어두운 적갈색이다. 턱받이 위쪽은 매끈하나 아래쪽은 젖혀진 크고 거친 비늘 조각으로 덮여 있다. 속은 차 있고 세로로 잘 갈라진다. 대 위쪽에는 솜털 모양 턱받이가 흔적만 남아 있다.

포자는 타원형이고 매끈하다. 포자 무늬는 적갈색이다.

크기 갓 지름 3~7cm, 대 길이 5~8cm
중소형
특징 갓은 침 모양 비늘 조각으로 덮여 있다.
분포 우리나라, 일본, 중국, 유럽, 북아메리카
구분 분해균

턱받이포도버섯 *Stropharia rugosoannulata* Farl. ex Murrill

털받이포도버섯은 털받이가 두 겹이고 별 모양으로 찢어지는 것이 특징이다. 그래서 북녘에서는 별가락지버섯이라고 한다.

이른 봄부터 가을까지 풀밭, 밭, 목장, 길가의 거름기가 많은 땅 위에서 홀로 나거나 무리 지어 난다. 말똥과 소똥 위에서도 잘 자란다.

산뜻하면서도 감칠맛이 나는 아주 맛 좋은 버섯이다.

갓은 어릴 때는 둥근 산 모양이고 자라면서 판판해진다. 적갈색인데 봄에 나는 것은 황금빛을 띠고 가을에 나는 것은 진한 자줏빛을 띤다. 자라면서 색이 바래 연한 갈색이나 회갈색이 된다. 겉은 매끈하거나 가는 비늘 조각으로 덮여 있다. 물기를 머금으면 약간 끈적끈적해지고 마르면 갈라져 속살이 드러나기도 한다. 살은 흰색이고 두껍다.

주름살은 회백색인데 점점 푸른빛 또는 자줏빛을 띠다가 마침내 검붉은 갈색이 된다. 빽빽하며 대에 완전붙은형으로 붙어 있다.

대는 위로 가면서 약간 가늘어진다. 드물게 밑동이 부푼 것도 있다. 털받이 위쪽은 흰색이고 아래쪽은 연한 노란색이다. 겉에는 세로줄이 있으며 반들거린다. 속은 차 있다가 빈다. 털받이는 대 위쪽에 붙어 있는데 연한 노란색이고 두 겹으로 되어 있다. 위의 것은 우산살 모양으로 파인 줄무늬가 있고 아래 것은 별 모양으로 찢어지는데 끝은 바짝 위로 말린다.

포자는 타원형이고 매끈하다. 포자 무늬는 자줏빛을 띤 갈색이다.

크기 갓 지름 4~15cm, 대 길이 6~11cm
중대형
특징 털받이가 별 모양으로 찢어진다.
분포 우리나라, 중국, 일본, 유럽, 북아메리카
구분 분해균

하늘색깔때기버섯 *Clitocybe odora* (Bull.) P. Kumm.

많은 버섯 가운데 드물게 자실체 전체가 푸른빛을 띠고 있어 하늘색깔때기버섯이라는 이름이 붙었다. 북녘에서는 하늘빛깔때기버섯이라고 한다.

여름부터 가을까지 활엽수 숲이나 여러 가지 나무가 섞여 자라는 숲 속의 땅 위 또는 쌓인 낙엽 사이에 흩어져 나거나 몇 개씩 무리 지어 난다.

맛이 좋은 버섯이지만 향이 아주 강해서 그대로는 잘 먹지 않는다. 끓는 물에 한 번 데쳐서 향을 부드럽게 하여 요리하거나 가루를 내서 향신료로 쓴다. 달콤하고 향긋한 요리에 잘 어울린다.

갓은 어릴 때는 둥근 산 모양이고 가장자리가 안쪽으로 말려 있다. 자라면서 판판해지는데 가운데가 살짝 눌린 듯이 오목해진다. 때로 얕은 깔때기 모양이 되기도 한다. 어릴 때는 청록색이다가 자라면서 색이 바래 연한 초록빛 또는 연한 푸른빛을 띤 회색이 된다. 마르면 회색으로 변한다. 겉은 매끈하다. 살은 흰색이고 얇다.

주름살은 흰색이고 점점 연한 회녹색이 된다. 약간 성글거나 약간 빽빽하며 대에 완전붙은형 또는 내린형으로 붙어 있다.

대는 위아래 굵기가 비슷하거나 위가 약간 가늘고 굽어 있는 것이 많다. 갓보다 색이 약간 연하고 겉은 매끈하거나 세로로 실 모양 줄이 있다. 밑동에는 솜털 같은 하얀 균사가 붙어 있다. 속은 차 있다가 차차 빈다.

포자는 타원형이고 매끈하다. 포자 무늬는 허연색이다.

크기 갓 지름 3~8cm, 대 길이 2~6cm
중소형
특징 향이 아주 진하다.
분포 북반구 온대 이북
구분 분해균

콩애기버섯 *Collybia cookei* (Bres.) J.D. Arnold

콩알같이 생긴 아주 작은 덩이에서 버섯이 뻗어 나온다고 콩애기버섯이라는 이름이 붙었다.

여름부터 가을까지 여러 가지 나무가 섞여 자라는 숲 속의 썩은 나무 위나 거름기 많은 땅 위에 무리 지어 난다. 때로 썩은 버섯 위에 나기도 한다.

독성분이 없어 먹을 수는 있지만 크기가 아주 작아서 거의 먹지 않는다.

갓은 어릴 때는 둥근 산 모양이고 자라면서 판판해진다. 종종 가운데가 살짝 오목하게 들어가기도 한다. 가장자리는 약간 안쪽으로 말려 있다. 거의 투명한 흰색이며 가운데는 연한 살구색을 띠기도 한다. 겉은 매끈하다. 살은 흰색이고 종잇장처럼 얇다.

주름살은 흰색이다. 빽빽하며 대에 완전붙은형으로 붙어 있다.

대는 굵기가 0.5mm쯤으로 실처럼 가늘고 길며 물결치듯 구불구불하게 굽은 것이 많다. 연한 노란색이나 연한 갈색이고 겉에는 솜털 같은 작은 비늘조각이 있다. 밑동은 뿌리처럼 가늘고 길게 뻗어 있는데, 그 끝은 누르스름한 작은 덩이에 이어져 있다. 이 덩이는 균사가 뭉쳐진 균핵이다.

균핵은 지름이 3mm도 채 안 될 만큼 아주 작다. 둥그스름하며 겉은 감자처럼 울퉁불퉁하다. 애기버섯속 버섯 가운데서는 콩애기버섯만 균핵을 지니고 있다. 자실체는 이 균핵에서 뻗어 나온다.

포자는 타원형이고 매끈하다. 포자 무늬는 흰색이다.

크기 갓 지름 0.4~0.8cm, 대 길이 2~4cm
소형
특징 밑동에 황갈색 균핵이 달려 있다.
분포 북반구 온대 이북
구분 기생균

민자주방망이버섯 *Lepista nuda* (Bull.) Cooke

풍선끈적버섯
Cortinarius purpurascens Fr.
어린 버섯의 색이 민자주방망이버섯과 닮았다. 독성분은 없다.

민자주방망이버섯은 가지 같은 보랏빛을 띠고 있어서 가지버섯이라고도 한다. 북녘에서는 보라빛무리버섯이라고 한다.

다른 버섯이 거의 모습을 감추는 늦가을에 모밀잣밤나무, 떡갈나무, 졸참나무 같은 활엽수가 자라는 활엽수 숲이나 대숲, 드물게 침엽수 숲 속 낙엽이 쌓인 땅 위에 무리 지어 난다. 종종 버섯고리를 이루기도 한다.

먹는 버섯으로 맛이 좋다. 보라색이면서 생김새가 비슷한 버섯 가운데는 독버섯이 거의 없기 때문에 안심하고 먹을 수 있다. 하지만 날것을 먹으면 중독되므로 꼭 익혀서 먹어야 한다. 색이 고와 색을 살리는 요리에 많이 쓴다.

갓은 어릴 때는 둥근 산 모양이고 가장자리가 안쪽으로 말려 있다. 자라면서 판판해지는데 다 자라면 가장자리가 물결치듯 구불구불해지기도 한다. 색은 보라색에서 자주색까지 여러 가지다. 자라면서 색이 누렇게 바래 황갈색이나 갈색이 된다. 겉은 매끈하고 만지면 축축한 느낌이 있다. 살은 연보라색이고 두껍다.

주름살은 보라색이고 다 자라면 연한 노란색이나 노란빛을 띤 연보라색이 된다. 빽빽하며 대에 완전붙은형 또는 홈파인형으로 붙어 있다.

대는 아래로 가면서 굵어지거나 밑동이 살짝 부풀어 알뿌리처럼 생긴 것이 많다. 갓과 색이 같고 겉에는 세로로 실 같은 줄무늬가 있다. 속은 차 있다. 밑동에는 솜뭉치 같은 하얀 균사가 붙어 있다.

포자는 타원형이고 아주 작은 돌기가 있다. 포자 무늬는 연분홍색이다.

크기 갓 지름 4~14cm, 대 길이 5~9cm
중대형
특징 자실체가 아름다운 보라색이다.
분포 우리나라, 일본, 중국, 유럽, 북아메리카
구분 분해균

송이 *Tricholoma matsutake* (S. Ito & S. Imai) Singer

송이버섯이라고도 한다. 이름 그대로 소나무에서 나는 버섯이다.

가을에 소나무 숲 속 땅 위에 흩어져 나거나 무리 지어 난다. 커다랗게 버섯고리를 이루기도 한다. 흔히 20년이 더 된 소나무 둘레에 나지만 드물게 곰솔, 솔송나무, 좀솔송나무, 눈잣나무, 분비나무 둘레에 나기도 한다.

맛도 뛰어나지만 소나무 향을 닮은 독특한 향 때문에 우리나라와 일본 사람들이 특히 좋아하는 버섯이다. 살아 있는 소나무와 서로 물과 양분을 주고받으면서 자라기 때문에 인공 재배를 할 수 없어 더 귀하게 여긴다.

갓은 어릴 때는 공처럼 둥글고 가장자리는 안쪽으로 말려 있다. 갓이 피면서 둥근 산 모양을 거쳐 판판해진다. 다 자라면 가장자리가 위로 젖혀진다. 연한 노란색 또는 갈색이고 겉에는 황갈색 또는 적갈색을 띤 실 모양 비늘 조각이 있다. 비늘 조각은 오래되면 흑갈색이 되고 우산살 모양으로 찢어져 속살이 드러나기도 한다. 살은 흰색이고 두껍다.

주름살은 흰색이고 차차 연한 갈색 얼룩이 생긴다. 약간 빽빽하며 대에 홈파인형으로 붙어 있다.

대는 위아래 굵기가 비슷하며 위나 아래가 가는 것도 있다. 턱받이 위쪽은 하얀 가루 모양이고, 아래쪽은 갓과 같은 비늘 조각으로 덮여 있다. 속은 차 있고 단단하다. 솜털 모양 턱받이는 대 위쪽에 붙어 있는데 오래도록 남는다.

포자는 타원형이며 매끈하다. 포자 무늬는 흰색이다.

크기 갓 지름 6~28cm, 대 길이 6~20cm
중대형
특징 독특한 향이 나고 맛이 아주 좋은 버섯이다.
분포 우리나라, 일본, 중국, 이탈리아
구분 공생균

족제비송이 *Tricholoma psammopus* (Kalchbr.) Quél.

갓이 족제비 털 빛깔을 닮은 가느다란 밝은 황갈색 비늘 조각으로 촘촘하게 덮여 있어서 족제비송이라는 이름이 붙었다. 낙엽송 숲에 많이 나고 얼핏 보면 생김새가 송이와 닮아 낙엽송송이라고도 한다.

가을에 침엽수 숲 속 땅 위에서 무리 지어 나거나 흩어져 나는데 특히 낙엽송 둘레에 많이 난다. 생김새가 수수하고 그다지 특징이 없는 버섯이다.

독성이 없어 먹을 수는 있지만 쓴맛이 나서 그다지 먹지 않는다.

갓은 어릴 때는 둥근 산 모양이고 가장자리가 안쪽으로 말려 있다. 자라면서 판판해지는데 가운데는 약간 볼록하다. 밝은 황갈색 또는 살짝 붉은빛을 띤 갈색인데 가운데는 색이 조금 진하다. 겉에는 매끈하거나 털 같은 가늘고 짧은 비늘 조각이 덮여 있어 만지면 부드럽다. 물기를 머금어도 끈적거리지 않는다. 마르면 겉이 갈라지기도 한다. 살은 두껍고 흰색이다.

주름살은 흰색이고 자라면서 연한 노란색이 된다. 오래되면 갈색 얼룩이 생긴다. 약간 성글고 대에 홈파인형으로 붙어 있다.

대는 위아래 굵기가 비슷하거나 아래가 약간 굵다. 갓과 같은 색이고 꼭대기 부분은 희다. 겉에는 갓에 있는 것과 같은 황갈색 비늘 조각이 덮여 있다. 속은 차 있다.

포자는 넓은 타원형이며 매끈하다. 포자 무늬는 흰색이다.

크기 갓 지름 3~5cm, 대 길이 5~7cm
중소형
특징 쓴맛이 나서 잘 먹지 않는다.
분포 우리나라, 북반구 온대 지역
구분 공생균

할미송이 *Tricholoma saponaceum var. saponaceum* (Fr.) P. Kumm.

할미송이는 송이속에 들어 있어서 먹는 버섯으로 여기기 쉽지만 독성분이 있는 버섯이다.

가을에 졸참나무 같은 활엽수와 소나무가 섞여 자라는 숲 속 땅 위에 흩어져 나거나 무리 지어 난다.

쓴맛은 있지만 익히면 쫄깃쫄깃하게 씹히는 느낌이 좋아서 옛날에는 끓는 물에 데쳐 내거나 소금에 절여 두었다가 먹기도 했다. 최근 독성분이 있다는 것이 밝혀져서 지금은 독버섯으로 분류한다.

갓은 어릴 때는 둥근 산 모양이다. 자라면서 판판해지는데 가운데는 볼록하다. 나는 곳에 따라 생김새나 색이 많이 다르다. 갓도 녹갈색, 초록빛이 도는 회색, 회갈색 같은 여러 가지 색이다. 가운데는 마치 불에 그을린 것같이 거무스레한 회색 비늘 조각이 빽빽하게 덮여 있어 색이 진하다. 때로 얼룩이 생기기도 한다. 겉은 만져 보면 축축한 느낌이 있다. 살은 흰색인데 문질러 보면 그 자리가 천천히 연한 적갈색으로 변한다. 비누 향 비슷한 독특한 냄새가 난다.

주름살은 흰색 또는 연한 노란색이고 차차 붉은색 얼룩이 생긴다. 약간 성글며 대에 홈파인형으로 붙어 있다.

대는 밑동이 조금 부풀었다. 흰색이나 연한 녹황색이고 겉은 매끈하고 갓과 같은 회색 비늘 조각이 덮여 있다. 속은 차 있다.

포자는 타원형이고 매끈하다. 포자 무늬는 흰색이다.

크기 갓 지름 3~7cm, 대 길이 2~8cm
중소형
특징 나는 곳에 따라 생김새나 색이 많이 다르다.
분포 북반구 온대 이북
구분 공생균

솔버섯 *Tricholomopsis rutilans* (Schaeff.) Singer

온몸에 털 같은 붉은 비늘 조각이 덮여 있고 주름살이 노란색이어서 북녘에서는 붉은털무리버섯 또는 붉은털노란주름버섯이라고 한다.

여름부터 가을까지 흔히 소나무나 삼나무의 썩은 나뭇가지 또는 베어 낸 나무줄기에 홀로 나거나 뭉쳐난다. 때로 무리 지어 나기도 한다. 흔한 버섯이다.

맛은 그다지 없지만 크고 한 번에 많이 딸 수 있기 때문에 우리나라에서는 많이 먹는다. 아직 독성분은 밝혀지지 않았지만 사람에 따라 복통, 설사, 구토 같은 중독 증상이 나타나기도 하므로 일본이나 서양에서는 독버섯으로 분류한다. 두 달 이상 소금에 절여 두면 독성분이 없어진다고는 하지만 되도록 먹지 않는 것이 좋다.

갓은 어릴 때는 종 모양이다가 자라면서 판판해지는데 가운데는 볼록하다. 노란색이고 겉에는 아주 가늘고 짧은 적갈색 비늘 조각이 빽빽하게 덮여 있다. 가운데는 특히 빽빽해서 색이 진하다. 때로 가장자리가 찢어져 속살이 드러나기도 한다. 살은 연한 노란색이다.

주름살은 노란색이다. 빽빽하며 대에 완전붙은형 또는 홈파인형으로 붙어 있다. 주름살 날은 가루 모양이다.

대는 위아래 굵기가 비슷하거나 밑동이 약간 부풀었다. 갓보다 조금 연한 색이며 겉에는 갓과 같은 적갈색 비늘 조각이 붙어 있다. 속은 구멍이 많이 나 있고 차차 빈다.

포자는 타원형이며 매끈하다. 포자 무늬는 흰색이다.

크기 갓 지름 5~23cm, 대 길이 3~20cm
중대형
특징 전체가 적갈색 비늘 조각으로 덮여 있다.
분포 전 세계
구분 분해균

산속그물버섯아재비

Boletus pseudocalopus Hongo

산속그물버섯아재비는 여름부터 가을까지 너도밤나무, 졸참나무, 모밀잣밤나무 같은 활엽수와 소나무가 섞여 자라는 숲 속 땅 위에 무리 지어 난다.

다 자란 버섯에서는 치즈나 누룩이 익는 것 같은 달콤하고 좋은 향이 나서 얼핏 먹는 버섯으로 여기기 쉽지만 독버섯이다.

갓은 어릴 때는 둥근 산 모양이고 가장자리가 안쪽으로 말려 있으나 자라면서 판판해진다. 처음에는 적갈색이다가 차차 황갈색이 된다. 때로 연한 붉은색을 띠기도 한다. 겉은 거의 매끈하며 자라면서 얕게 터지기도 한다. 살은 두껍고 연한 노란색이다. 문지르거나 베어 보면 그 자리가 금방 푸른색으로 변했다가 시간이 지나면 색이 바래서 회색이 된다. 그러나 어릴 때는 색이 거의 변하지 않는다.

관공은 살이 두꺼운 것과는 달리 길이가 아주 짧다. 어릴 때는 연한 노란색이다가 갈색이 되고 문질러 보면 금방 푸른색으로 변한다. 대에 완전붙은형 또는 짧게 내린형으로 붙어 있다. 관공구는 작고 둥글거나 약간 각이 져 있다.

대는 아주 굵고 밑동이 곤봉처럼 부풀었다. 노란색이고 밑동으로 가면서 점점 어두운 붉은빛을 띤다. 문질러 보면 그 자리가 푸른색으로 변한다. 겉에는 적갈색 가루가 얼룩처럼 붙어 있다. 속은 차 있다. 대 위쪽에는 관공에서 이어진 가느다란 그물무늬가 있다.

포자는 실북 모양이며 매끈하다. 포자 무늬는 녹갈색이다.

크기 갓 지름 4~15cm, 대 길이 4~12cm
중대형
특징 문지르면 푸른색으로 변한다.
분포 우리나라, 일본
구분 공생균

접시껄껄이그물버섯

Leccinum extremiorientale (Lar. N. Vassiljeva) Singer

접시껄껄이그물버섯은 껄껄이그물버섯이라고도 한다. 땅에서 나는 버섯 가운데서는 아주 큰 버섯으로 갓 지름이 25cm에 이르는 것도 있다.

여름부터 가을까지 침엽수와 활엽수가 섞여 자라는 숲 속 땅 위에 홀로 나거나 흩어져 난다. 때로 무리 지어 나기도 한다. 특히 밤나무, 너도밤나무, 떡갈나무, 상수리나무, 졸참나무, 모밀잣밤나무 둘레에 많이 난다.

갓이 피지 않은 어린 버섯을 먹는데 맛과 향이 아주 좋다.

갓은 어릴 때는 둥근 산 모양이다가 자라면서 판판해진다. 종종 가장자리가 관공보다 더 길게 자라 갓 깃을 만들기도 하는데, 곧 찢어지면서 떨어져 나간다. 황갈색 또는 적갈색이고 물기를 머금으면 약간 끈적거린다. 겉은 뇌주름처럼 쭈글쭈글하고 울룩불룩하다. 갓이 피면서 주름이 펴지고 거북등무늬처럼 갈라져 그 사이로 바닥 살이 드러난다. 살은 흰색 또는 연한 노란색이고 두껍다. 문지르거나 베어 보면 그 자리가 푸른색으로 변하지는 않고 약간 분홍빛을 띤다.

관공은 노란색이고 자라면서 녹황색이나 황갈색으로 변한다. 대에 끝붙은형 또는 홈파인형으로 붙어 있다. 관공구는 작고 둥글다.

대는 원통형이며 아래가 약간 굵다. 노란색이고 겉에는 황갈색 또는 적황색 돌기가 촘촘하게 퍼져 있다. 속은 차고 단단하다.

포자는 긴 실북 모양이며 매끈하다. 포자 무늬는 녹갈색이다.

크기 갓 지름 7~25cm, 대 길이 3~20cm
대형
특징 갓이 쭈글쭈글한 주름으로 덮여 있다.
분포 우리나라, 일본, 중국, 러시아
구분 공생균

노란길민그물버섯

Phylloporus bellus (Massee) Corner

청변민그물버섯

Phylloporus cyanescens (Corner) M.A. Neves & Halling

노란길민그물버섯의 변종으로 생김새가 아주 닮았다. 상처를 냈을 때 살과 자실층이 약간 푸른색으로 변하는 것으로 구별한다. 독버섯이다.

그물버섯과 버섯인데도 자실층이 주름살 모양이다. 노란길민그물버섯이란 이름 속에 들어 있는 길gill은 라틴 어로 주름살이란 뜻이다. 북녘에서는 노란주름버섯이라고 한다. 주름살을 지녔지만 현미경으로 살펴보면 그물버섯의 특징을 지니고 있어 그물버섯목으로 분류한다.

여름부터 가을까지 활엽수나 여러 가지 나무가 섞여 자라는 숲 속 땅 위에 흩어져 나거나 무리 지어 난다. 소나무나 졸참나무 둘레에 흔히 난다.

먹을 수 있는 버섯이지만 날것을 먹거나 익혀 먹어도 사람에 따라 중독될 수 있으니 되도록 먹지 않는 것이 좋다.

갓은 어릴 때는 둥근 산 모양이고 자라면서 판판해진다. 다 자라면 가장자리가 구불구불해지고 위로 젖혀져 깔때기 모양이 된다. 회갈색이나 황갈색이며 상처 난 자리는 어두운 갈색이나 검은색으로 변한다. 겉에는 짧고 가는 비늘 조각이 촘촘하게 덮여 있다. 살은 흰색이나 연한 노란색이고 두껍다.

자실층은 주름살 모양이고 밝은 노란색이다. 자라면서 연한 녹갈색이나 황갈색이 되는데 때로 갈색 얼룩이 생긴다. 성글며 대에 길게 내린형으로 붙어 있다. 주름 사이는 쭈글쭈글하고 가는 맥으로 이어져 있다.

대는 짧고 아래로 가면서 가늘어진다. 노란색이나 황갈색이고 겉에는 가루 모양 비늘 조각이 덮여 있다. 위쪽에는 주름살에 이어진 도드라진 세로줄 무늬가 있다. 속은 차 있다.

포자는 긴 타원형이고 매끈하다. 포자 무늬는 황갈색이다.

크기 갓 지름 2~6cm, 대 길이 3~7cm
소형
특징 자실층이 주름살 모양이다.
분포 우리나라, 동아시아, 유럽, 북아메리카
구분 공생균

갓그물버섯 *Pulveroboletus ravenelii* (Berk. & M.A. Curtis) Murrill

노란분말그물버섯이라고도 한다. 노란 가루에 덮여 있는 그물버섯이라고 북녘에서는 노란그물버섯 또는 노란가루그물버섯이라고 한다.

여름부터 가을까지 침엽수나 활엽수가 자라는 숲 속 땅 위에 홀로 나거나 두세 개씩 모여 난다. 흔히 소나무나 졸참나무 둘레에서 잘 자란다.

먹는 버섯으로 알려져 있으나 약한 독성분을 지니고 있어 중독을 일으키기도 하므로 되도록 먹지 않는 것이 좋다.

갓은 둥근 산 모양이고 자라면서 판판해진다. 연한 노란색이며 겉에는 레몬색을 띤 가루 모양 비늘 조각이 빽빽하게 덮여 있다. 자라면서 비늘 조각이 차차 벗겨져 가운데는 연한 갈색을 띤다. 어릴 때나 물기를 머금었을 때는 약간 끈적끈적하다. 살은 흰색이나 연한 노란색이고 문지르거나 베어 보면 그 자리가 천천히 푸른색으로 변한다.

관공은 연한 노란색이다. 자라면서 암갈색이 되고 문지르면 푸른색으로 변한다. 대에 떨어진형으로 붙어 있다. 관공구는 작고 둥글다.

대는 구부러져 있으며 갓과 같은 색이다. 겉에는 갓처럼 레몬색 비늘 조각이 덮여 있다. 어릴 때 관공을 덮고 있던 거미집 모양 막은 자라면서 찢어져 대에 턱받이로 남는다. 턱받이는 일찍 떨어져 나간다. 살은 노란색이며 갓과 달리 문질러도 푸른색으로 변하지 않는다. 속은 차 있다. 밑동에는 하얀 균사가 붙어 있다.

포자는 긴 실북 모양이며 매끈하다. 포자 무늬는 녹갈색이다.

크기 갓 지름 3~11cm, 대 길이 3~10cm
중형
특징 레몬색 가루가 자실체를 덮고 있다.
분포 우리나라, 동아시아, 북아메리카
구분 공생균

귀신그물버섯 *Strobilomyces strobilaceus* (Scop.) Berk.

털귀신그물버섯

Strobilomyces confusus Singer

갓의 비늘 조각이 뿔처럼 반듯하게 서 있다. 비에 젖거나 오래되면 귀신그물버섯처럼 붙는다. 포자는 수국꽃 모양이다.

시커멓고 커다란 비늘 조각이 엉겨 붙어 있는 모습이 귀신처럼 징그럽게 생겼다고 귀신그물버섯이라는 이름이 붙었다. 아주 닮은 버섯으로 털귀신그물버섯이 있는데, 북녘에서는 이 둘을 따로 나누지 않고 솔방울그물버섯 또는 솜방망이그물버섯이라고 한다.

여름부터 가을까지 너도밤나무, 졸참나무, 소나무 들이 섞여 자라는 숲 속 땅 위에 홀로 나거나 무리 지어 난다.

먹는 버섯으로 이름이나 생김새와는 달리 맛이 좋다.

갓은 어릴 때는 둥근 산 모양이고 자라면서 판판해진다. 흰색이며 겉에는 커다란 암갈색 또는 흑갈색 비늘 조각이 퍼져 있다. 솜 모양 비늘 조각은 때로 부스러져 납작하게 붙는다. 살은 흰색인데 문지르면 그 자리가 붉게 변했다가 차차 검은색이 된다. 두껍고 단단하며 나뭇진 같은 향이 난다.

관공은 짧고 흰색이다. 자라면서 흑갈색으로 되는데 문지르면 살처럼 색이 변한다. 대에 완전붙은형 또는 홈파인형으로 붙어 있다. 관공구는 크고 다각형이다.

대는 위가 조금 가늘고 종종 굽어 있다. 갓과 색이 같거나 조금 연하다. 위쪽에는 약간 길쭉하고 도드라진 그물무늬가 있고, 아래쪽에는 솜털 모양 비늘 조각이 붙어 있다. 속은 차 있으나 딱딱해서 잘 부러진다. 솜털 모양 턱받이는 대 위쪽에 붙어 있다가 곧 떨어져 나간다.

포자는 둥글고 그물 무늬가 도드라져 있다. 포자 무늬는 검은색이다.

크기 갓 지름 3~11cm, 대 길이 5~15cm
중형
특징 상처가 나면 붉게 변한다.
분포 전 세계
구분 공생균

황금씨그물버섯 *Xanthoconium affine* (Peck) Singer

여름부터 이른 가을까지 소나무나 너도밤나무, 졸참나무, 물참나무 같은 활엽수 둘레 땅 위에 홀로 나거나 무리 지어 난다.

먹는 버섯으로 알려져 왔고 독성분도 밝혀지지 않았지만, 외국에서 소가 이 버섯을 먹고 죽은 일이 있어 지금은 독버섯으로 분류한다.

갓은 어릴 때는 둥글거나 둥근 산 모양이고 자라면서 판판해진다. 진한 적갈색 또는 암갈색이다가 차차 연한 갈색이나 황갈색이 된다. 겉은 매끄럽고 물기를 머금으면 끈적끈적해진다. 마르면서 겉껍질이 갈라지고 터져 그 사이로 속살이 드러나기도 한다. 때로 불규칙하면서 얕게 파이기도 한다. 살은 흰색이고 두꺼우며 문지르거나 칼로 베어도 색이 변하지 않는다.

관공은 흰색이다가 연한 황갈색 또는 녹갈색이 된다. 갓과 달리 문지르면 그 자리가 갈색으로 변한다. 대에 완전붙은형 또는 홈파인형으로 붙어 있다. 관공구는 작고 둥글다. 처음에는 관공보다 연한 색이지만 차차 비슷해진다. 문지르면 흑갈색으로 변한다.

대는 위아래 굵기가 비슷하다. 가끔 아래로 가면서 굵어지다가 밑동이 가늘어지는 것도 있다. 갓과 거의 같은 색이고 위쪽 끝 부분과 밑동은 흰색이다. 겉은 매끈하거나 가루 같은 비늘 조각이 덮여 있고 세로로 갈라지거나 터져 하얀 줄무늬를 나타낸다.

포자는 긴 실북 모양이고 매끈하다. 포자 무늬는 황갈색이다.

크기 갓 지름 3~8cm, 대 길이 5~12cm
중형

특징 관공을 문질러 보면 색이 변한다.

분포 우리나라, 일본, 북아메리카

구분 공생균

먼지버섯 *Astraeus hygrometricus* (Pers.) Morgan

먼지 같은 포자를 폴폴 날린다고 먼지버섯이라는 이름이 붙었다. 북녘에서는 별처럼 생겼다고 별버섯 또는 땅별버섯이라고 한다.

여름부터 가을까지 산이나 언덕을 깎아 내린 비탈진 곳, 숲 속 길가에 흩어져 나거나 무리 지어 난다. 날씨가 건조할 때는 껍질을 닫아 포자주머니를 보호하고, 습기가 많을 때는 껍질을 열어 포자를 퍼뜨린다. 이처럼 스스로 습도를 조절하는 기능이 있어 건조한 사막에서도 자란다. 아주 흔한 버섯이다.

면역력을 높여 주고 피를 멎게 하는 성질이 있어 약으로 쓴다. 상처에서 피가 날 때 먼지버섯 포자를 바르면 피가 멎는다.

어린 자실체는 귤처럼 동글납작하며 거의 땅에 묻혀 있어 잘 보이지 않는다. 자라면서 껍질이 6~10조각으로 갈라지는데, 이때 땅 위로 드러난다. 껍질은 세 겹으로 되어 있다. 겉껍질은 흑갈색이며 가죽처럼 질기고 딱딱하다. 속껍질은 하얗고 얇은 막으로 되어 있는데 두꺼운 젤라틴 층을 싸고 있다. 이 하얀 속껍질이 갈라지고 터지면서 그 사이로 흑갈색 젤라틴 층이 드러나 거북등무늬 같은 독특한 무늬를 나타낸다.

껍질 속에는 동그랗고 겉이 매끈한 회갈색 포자주머니가 들어 있다. 포자가 다 익으면 꼭대기에 난 작은 구멍으로 포자를 날려 보낸다.

밑동에는 짧고 가는 검은색 균사 다발이 붙어 있다.

포자는 둥글며 작은 돌기가 있다. 포자 무늬는 갈색이다.

크기 자실체 지름 2~4cm, 소형
특징 습도에 따라 껍질을 열고 닫는다.
분포 우리나라, 일본, 중국
구분 분해균

못버섯 *Chroogomphus rutilus* (Schaeff.) O. K. Mill.

생김새가 못을 닮아서 못버섯이라는 이름이 붙었다. 학명도 '구릿빛이 나는 커다란 못'이라는 뜻이다. 북녘에서도 못버섯이라 한다.

여름부터 가을까지 침엽수 숲 속 땅 위에 홀로 나거나 무리 지어 난다. 특히 곰솔이나 대나무 둘레에 많이 난다.

먹는 버섯으로 익히면 색이 거무스름해지지만 맛과 향이 좋아 조림이나 국물 요리에 많이 쓴다.

갓은 어릴 때는 종 모양이다. 자라면서 판판하게 펴지는데 가운데는 산처럼 볼록 솟아 있다. 가장자리는 다 자랄 때까지 안쪽으로 말려 있다. 회갈색 또는 황갈색이다가 점점 붉은빛을 띤 갈색이 된다. 겉은 가는 실 모양 비늘 조각에 싸여 있으나 곧 매끈해지고, 물기를 머금으면 끈적거린다. 살은 두껍고 단단하며 처음에는 연한 노란색이다가 연한 황갈색이 된다.

주름살은 연한 갈색이며 자라면서 점점 적갈색이나 흑갈색이 된다. 두껍고 성글며 대에 내린형으로 붙어 있다.

대는 위아래 굵기가 비슷하거나 아래가 가늘고 종종 한쪽으로 구부러져 있다. 갓과 같거나 조금 연한 색인데 가끔 대 위쪽이 보랏빛을 띤 갈색인 것도 있다. 겉에는 갈색 실 모양 비늘 조각이 얼룩덜룩 붙어 있다. 속은 차 있다. 솜털 모양 턱받이는 대 위쪽에 붙어 있는데 쉽게 떨어져 나간다.

포자는 긴 타원형이고 매끈하다. 포자 무늬는 어두운 회색이나 검은색이다.

크기 갓 지름 2~11cm, 대 길이 3~15cm
중형
특징 갓 가운데가 볼록 솟아 있다.
분포 북반구 온대 이북
구분 공생균

큰마개버섯 *Gomphidius roseus* (Fr.) Fr.

큰마개버섯은 못버섯과 닮았지만 갓 가운데가 볼록하게 솟지 않고 판판하거나 조금 오목하다. 북녘에서는 나사못버섯이라고 한다.

늦여름부터 가을까지 소나무나 곰솔이 자라는 숲 속 땅 위에 홀로 나거나 흩어져 난다. 흔히 황소비단그물버섯이 자라는 곳에 함께 난다.*

먹는 버섯으로 말리거나 소금에 절여 두었다가 먹는다. 무르고 끈적거리는 느낌이 있어 그다지 많이 먹지는 않는다.

갓은 어릴 때는 둥근 산 모양이다. 자라면서 판판해지거나 가운데가 살짝 꺼져 속이 얕은 깔때기 모양이 된다. 가장자리는 물결치듯 구불구불하다. 연한 붉은색이고 오래되면 검은색 얼룩이 생긴다. 겉은 매끈하나 물기를 머금으면 끈적끈적해진다. 살은 흰색이고 무르다.

주름살은 흰색 또는 회색이다가 점점 초록빛이 도는 어두운 회갈색이 된다. 성글며 대에 길게 내린형으로 붙어 있다.

대는 위아래 굵기가 비슷하거나 아래가 조금 가늘고 종종 구부러져 있다. 위쪽은 흰색이며 아래쪽은 연한 붉은색이다. 종종 밑동이 연한 노란빛을 띠기도 한다. 속은 차 있다. 위쪽에 솜털처럼 생긴 턱받이가 붙어 있지만 곧 떨어져 나간다.

포자는 긴 타원형이고 매끈하다. 포자 무늬는 검은색이다.

* 황소비단그물버섯과 소나무가 영양분을 주고받는 사이에 끼어들어 영양분을 얻으며 살기 때문에 황소비단그물버섯이 자라지 않는 곳에서는 큰마개버섯이 나지 않는다.

크기 갓 지름 2~6cm, 대 길이 3~5cm
소형
특징 황소비단그물버섯과 함께 난다.
분포 우리나라, 일본, 대만, 유럽
구분 공생균

비단그물버섯 *Suillus luteus* (L.) Roussel

비단그물버섯은 갓이 젤라틴질로 싸여 있어 물기를 머금으면 아주 끈적끈적해진다. 그래서 북녘에서는 진득그물버섯 또는 진득돋버섯이라고 한다.

여름부터 가을까지 소나무 숲 속 땅 위에 흩어져 나거나 무리 지어 난다.

맛이 좋아 널리 먹는다. 그러나 갓 껍질에 약한 독성분이 있기 때문에 반드시 갓 껍질을 벗기고 햇볕에 말리거나 끓는 물에 데쳐 낸 다음 요리해야 한다.

갓은 어릴 때는 둥근 산처럼 생겼고 자라면서 판판해진다. 적갈색이나 흑갈색이고 오래되거나 마르면 색이 연해진다. 겉은 물기를 머금으면 눈에 띄게 끈적거리고 마르면 반들반들해진다. 가장자리는 관공보다 더 자라 갓 깃을 만든다. 때로 내피막 자투리가 너덜너덜 붙어 있기도 한다. 살은 두껍고 흰색 또는 연한 노란색이다.

관공은 노란색이고 차차 황갈색이 된다. 대에 완전붙은형 또는 짧게 내린형으로 붙어 있다. 관공구는 작고 둥글다.

대는 위아래 굵기가 비슷하거나 아래가 조금 굵다. 턱받이 위쪽은 연한 노란색이고 아래쪽은 흰색이다. 겉에는 아주 작은 갈색 알갱이가 퍼져 있다. 속은 차 있고 단단하다. 대 위쪽에는 얇지만 뚜렷한 자주색 턱받이가 있다.

포자는 긴 타원형 또는 실북 모양이고 매끈하다.포자 무늬는 황갈색 또는 녹갈색이다.

크기 갓 지름 3~10cm, 대 길이 3~7cm
중형
특징 아주 끈적거리며 뚜렷한 턱받이가 있다.
분포 우리나라, 오스트레일리아, 동아시아, 북아메리카
구분 공생균

황소비단그물버섯 *Suillus bovinus* (Pers.) Roussel

황소비단그물버섯은 여름부터 가을까지 침엽수 숲 속 땅 위에 흩어져 나거나 무리 지어 난다. 특히 장마철에 소나무나 곰솔 둘레에서 많이 난다. 소나무와 공생하는 버섯으로 종종 큰마개버섯이 함께 나 있는 것을 볼 수 있다. 북녘에서는 그물버섯이라고 한다.

먹는 버섯으로 맛이 산뜻하다. 관공 부분은 쉽게 상하고 또 구멍이 커서 속에 벌레가 끼어 있기도 하므로 떼어 내고 먹는다. 익히면 살이 분홍색이나 자주색이 되고 끈적끈적한 즙이 나온다.

갓은 어릴 때는 둥근 산 모양이고 자라면서 차차 판판해진다. 가장자리는 안쪽으로 말려 있다. 자라면서 펴져 물결치듯 구불거리고 다 자라면 위로 젖혀지기도 한다. 노란색 또는 붉은빛을 띤 갈색이고 가운데는 색이 진하다. 겉은 물기를 머금으면 아주 끈적끈적해지고 마르면 반들거린다. 살은 두껍고 연한 노란색이나 살구색이다.

관공은 노란색이고 자라면서 차차 녹갈색이 된다. 대에 완전붙은형 또는 약간 내린형으로 붙어 있다. 관공구는 그물눈 모양이다. 크기는 일정하지 않고 가장자리로 갈수록 뚜렷하게 작아진다.

대는 위아래 굵기가 비슷하며 구부러진 것이 많다. 갓보다 색이 조금 연하고 겉은 매끈하다. 속은 차 있고 밑동에는 흰 솜털이 붙어 있다.

포자는 실북 모양이고 매끈하다. 포자 무늬는 연한 녹갈색이다.

크기 갓 지름 3~11cm, 대 길이 3~9cm
중형
특징 큰마개버섯과 함께 난다.
분포 전 세계
구분 공생균

꾀꼬리버섯 *Cantharellus cibarius* Fr.

꾀꼬리버섯은 잘 익은 살구 향이 난다. 그래서 북녘에서는 살구버섯이라고 한다. 유럽에서 나는 것은 향이 더 진하다.

여름부터 가을까지 소나무, 전나무, 낙엽송 같은 침엽수가 자라는 숲 또는 활엽수가 섞여 자라는 숲 속 땅 위에 흩어져 나거나 무리 지어 난다.

먹는 버섯으로 씹는 맛이 쫄깃쫄깃하고 익히면 노란빛이 더 선명해져서 요리에 널리 쓴다. 말리거나 소금에 절여 두면 오랫동안 두고 먹을 수 있다. 약한 독성분을 지니고 있으므로 날것을 먹거나 한 번에 많이 먹지 않도록 한다. 유럽 사람들이 가장 좋아하는 버섯 가운데 하나이다.

갓은 어릴 때는 둥근 산 모양이고 가장자리가 안쪽으로 말려 있다. 자라면서 판판하게 펴지고 나중에는 가운데가 오목하게 들어가 깔때기 모양이 된다. 가장자리는 점점 더 넓게 펴져 물결치듯 구불거리거나 갈라진다. 화려한 노란색이고 겉은 매끈하다. 살은 조금 두껍고 연한 노란색이다.

자실층은 밭이랑 모양인데 두껍고 쭈글쭈글하다. 갓과 색이 같고 조금 빽빽하며 대에 길게 내린형으로 붙어 있다. 주름 사이에는 가로로 이어지는 쭈글쭈글한 맥이 있다.

대는 짧고 굵으며 아래로 가면서 가늘어진다. 흔히 갓 가운데에 붙어 있지만 약간 옆에 붙은 것도 있다. 속은 차 있고 단단하다.

포자는 타원형이고 매끈하다. 포자 무늬는 흰색 또는 연한 노란색이다.

크기 갓 지름 3~9cm, 대 길이 2~7cm
중소형
특징 자실층은 밭이랑 모양이고 쭈글쭈글하다.
분포 전 세계
구분 공생균

테두리방귀버섯 *Geastrum fimbriatum* Fr.

동그란 구멍으로 방귀를 뀌듯 포자를 퐁퐁 내뿜는다고 테두리방귀버섯이라는 이름이 붙었다. 별 모양으로 찢어진 껍질 속에 하얀 알이 들어 있다고 북녘에서는 흰땅별버섯 또는 흰땅밤버섯이라고 한다.

여름부터 가을까지 숲 속 낙엽이 많이 쌓인 곳이나 거름기가 많은 땅에 무리 지어 난다. 얼핏 보면 도토리가 여기저기 떨어져 있는 것 같다.

독성분은 밝혀지지 않았으나 먹을 만한 버섯이 못 된다.

어린 자실체는 공처럼 둥글며 꼭대기가 약간 뾰족하게 솟아 있다. 지름이 2cm도 안 되는 작은 버섯인데 겉껍질이 찢어지면서 땅 위로 드러난다. 겉껍질은 어두운 적갈색이고 꼭대기서부터 5~10조각으로 찢어진다. 찢어진 조각들은 별 모양으로 점점 벌어지면서 끝이 아래로 말린다. 겉껍질의 안쪽은 흰색이고 매끈한데 차차 황갈색이 되면서 얇아진다.

겉껍질이 다 벌어지면 하얀 속껍질에 싸인 동그란 주머니가 드러나는데, 이 속에 들어 있는 연분홍색 살이 포자가 된다. 포자가 다 익으면 꼭대기에 뾰족하게 나 있는 구멍으로 포자를 내뿜는다. 주머니는 흰색이고 매끈하나 포자를 다 내뿜고 나면 어두운 갈색이 되고 찌그러진다. 생김새가 먼지버섯과 비슷하지만 먼지버섯은 포자가 다 만들어진 다음에야 구멍이 생기는 점이 다르다. 대는 없다.

포자는 둥글고 혹 모양 돌기가 있다. 포자 무늬는 연한 갈색이다.

크기 자실체 지름 1.5~4cm, 소형
특징 생김새가 나무 열매를 닮았다.
분포 우리나라, 일본, 중국, 유럽, 북아메리카
구분 분해균

나팔버섯 *Gomphus floccosus* (Schwein.) Singer

나팔처럼 생겼다고 나팔버섯이라는 이름이 붙었다. 북녘에서도 같이 부른다. 서양에서는 돼지 귀를 닮았다고 돼지귀버섯이라고 한다.

여름부터 가을까지 침엽수 숲 속 땅 위에 홀로 나거나 무리 지어 난다. 종종 버섯고리를 이루기도 한다. 전나무, 솔송나무, 분비나무 둘레에 많이 난다.

독버섯이라고도 하고 먹는 버섯이라고도 하는 주장이 엇갈린다. 익혀 먹으면 괜찮다고 하지만 익힌 것도 한 번에 많이 먹으면 중독될 수 있으니 주의해야 한다.

자실체는 어릴 때는 위가 약간 넓은 둥근기둥이나 뿔피리처럼 생겼다. 갓이 펴지면서 깔때기나 나팔 모양이 되는데, 때로 가장자리가 물결치듯 구불거린다. 갓 가운데는 깊이 패어 밑동까지 뚫려 있다. 노란색이나 등황색이며 때로 빨간 얼룩을 띠고 있어 화려하고 아름답다. 겉에는 크고 작은 주황색 또는 적갈색 비늘 조각이 퍼져 있다. 비를 맞거나 오래되면 색이 바래고 비늘 조각도 떨어진다. 살은 미색이고 얇지만 탱탱하다.

자실층은 밭이랑 모양인데 폭이 넓고 울룩불룩하며 서로 이어져 있다. 노란색 또는 주황색이다가 살구색이 된다. 대에 길게 내린형으로 붙어 있다.

대는 원통형으로 생겼고 위아래 굵기가 같거나 아래가 조금 가늘다. 연한 황토색이며 밑동은 약간 붉다. 겉은 매끈하며 주름이 길게 밑동까지 내려와 있어 갓과 경계가 뚜렷하지 않다. 속은 비어 있다.

포자는 타원형이고 작은 돌기가 있다. 포자 무늬는 황토색이다.

크기 갓 지름 3~11cm, 대 길이 2~6cm
중형
특징 갓에서부터 밑동까지 속이 뚫려 있다.
분포 우리나라, 일본, 중국, 유럽, 북아메리카
구분 공생균

싸리버섯 *Ramaria botrytis* (Pers.) Ricken

싸리 빗자루처럼 생겼다고 싸리버섯이라는 이름이 붙었다. 북녘에서는 싸리버섯 또는 큰꽃싸리버섯이라고 한다.

여름부터 가을까지 활엽수 숲 속 땅 위에 홀로 나거나 무리 지어 난다. 졸참나무, 밤나무, 너도밤나무 둘레에 많이 난다. 때로 침엽수 숲에서도 난다. 큰 버섯이라 눈에 잘 띈다.

맛이 닭고기와 비슷하고 향도 좋아 즐겨 먹는 버섯이다. 쓴맛과 약한 독성분이 있어 소금물에 절이거나 데쳐서 쓴다. 가지 끝이 고운 붉은빛을 띠고 살이 탱탱한 어린 것을 먹는다. 독버섯인 붉은싸리버섯과 닮아서 조심해야 한다.

갓이 없고 싸리 빗자루나 산호처럼 생겼다. 밑동에서 갈라져 나온 몇 개의 굵은 가지가 여러 번 잔가지로 갈라지고, 가지 끝은 다시 2~4개의 뾰족한 돌기 모양으로 갈라진다. 가지 끝은 연분홍 또는 연한 자줏빛을 띠나 늙으면 가지 전체가 황토색이 된다.

자실층은 붉은빛을 띠는 가지 끝 겉면에 퍼져 있다.

대는 뭉툭하고 단단하다. 대와 가지는 흰색이고 차차 연한 노란빛을 띤다. 포자가 익어서 떨어진 자리는 황토색을 띤다. 겉은 매끈하다. 살은 흰색이고 오래되어도 색이 변하지 않는다. 물기가 아주 많고 탱탱하나 오래되거나 마르면 퍼석퍼석해진다. 속은 차 있다.

포자는 긴 실북 모양이고 줄무늬가 있다. 포자 무늬는 황토색이다.

크기 자실체 지름 6~16cm, 대 길이 3~5cm
대형
특징 가지 끝이 고운 붉은빛이다.
분포 우리나라, 동아시아, 유럽, 북아메리카
구분 공생균

자작나무시루뻔버섯

Inonotus obliquus (Ach. ex Pers.) Pilát

자작나무시루뻔버섯은 살아 있는 나무에 자라는 여러해살이 버섯이다. 흔히 차가버섯이라고 부르는데 러시아 이름 차가chaga에서 온 것이다. 북녘에서는 봇나무혹버섯*이라고 한다.

시베리아, 북아메리카, 북유럽 같은 추운 곳에서 잘 자란다. 우리나라의 북쪽 지방, 일본의 홋카이도 지방에서도 종종 볼 수 있다. 흔히 자작나무 줄기에 나며 드물게 오리나무, 버드나무, 단풍나무에도 난다.

약용 버섯으로 면역력을 높여 주고 암에 효과가 있다는 것이 밝혀졌다. 러시아에서는 '차가는 신이 준 선물'이라는 민요가 전해질 만큼 오래전부터 불치병을 낫게 해 주는 버섯으로 여겨 왔다.

우리가 흔히 차가버섯이라고 부르며 약용으로 쓰는 것은 자실체가 아니라 균사 덩어리인 균핵이다. 균핵은 나무줄기 속에서 여러 해를 자란 다음 나무껍질을 뚫고 혹처럼 솟아 나온다. 겉은 검고 단단하다. 가로세로로 잘게 갈라진 골이 깊고 모서리가 날카로워 커다란 석탄 덩어리 같다. 속살은 황갈색이다. 추운 지방에 나는 것일수록 겉이 더 검고 반들거린다.

자실체는 나무껍질 아래에 납작하게 붙어 있어서 눈에 잘 띄지 않는다. 어릴 때는 흰색이다가 갈색이 되고 오래되면 어두운 갈색이 된다. 두께는 2~8mm이며 갓을 만들지 않는다. 관공은 한 층으로 되어 있다. 관공구는 아주 작고 모난 타원형이며 암갈색이다.

포자는 타원형이고 매끈하다. 포자 무늬는 흰색이다.

* 북녘에서는 자작나무를 봇나무라 한다.

크기 균핵 지름 10~30cm, 대형
특징 커다란 석탄 덩어리같이 생겼다.
분포 우리나라, 일본, 시베리아, 북아메리카, 북유럽
구분 기생균

목질진흙버섯 *Phellinus linteus* (Berk. & M.A. Curtis) Teng

목질진흙버섯은 여러해살이 버섯이다. 여름부터 가을까지 나고 겨울에는 자라지 않다가 봄이 되면 다시 자란다. 흔히 살아 있거나 죽은 뽕나무 줄기에 홀로 나는데 산벚나무, 상수리나무, 자작나무에도 난다. 뽕나무에 나는 노란 버섯이라고 상황버섯이라고도 부른다. 북녘에서는 뽕나무혹버섯이라고 한다.

약용 버섯으로 해독 작용을 하고 면역력을 높이며 당뇨병과 암을 치료한다. 여러 가지 상황버섯 가운데 약효가 가장 뛰어나며 의학적으로 항암 효과가 검증된 버섯이다. 햇볕에 말려 두었다가 달여 먹는다.

자실체는 대가 없고 나무에 바로 붙어 난다. 어릴 때는 노란색 진흙 덩어리처럼 생겼고 자라면서 둥근 산 모양 또는 말굽 모양이 된다. 갓은 황갈색이고 겉에는 어두운 갈색을 띤 짧은 털이 촘촘하게 덮여 있다. 겨울이 되면 털이 떨어지면서 검은 갈색이 된다. 봄이 되면 가장자리에 샛노란 새살이 돋는다. 이렇게 해마다 새살이 자라고 다시 굳어 가면서 나이테 같은 둥근 무늬가 생긴다. 겉껍질은 딱딱하게 마르면서 거북등무늬처럼 크게 갈라지는데, 울퉁불퉁하고 거칠어 마치 나무껍질 같다.

관공은 여러 층이고 뚜렷하며 층 두께는 2~4mm이다. 관공은 노란색이고 자라면서 황갈색이 된다. 관공구는 노란색이며 아주 작고 둥글다.

포자는 둥글고 매끈하다. 포자 무늬는 연한 황갈색이다.

크기 자실체 10~20×6~15cm, 대형
특징 갓은 나무껍질처럼 딱딱하고 거칠다.
분포 우리나라, 일본, 중국
구분 분해균

진흙버섯 *Phellinus igniarius* (L.) Quél.

말똥진흙버섯이라고도 한다. 나무줄기에서 동그스름한 혹 같은 어린 버섯이 솟아 나와 차차 부풀며 자란다. 그래서 북녘에서는 나무혹버섯이라고 한다.

여러해살이 버섯으로 살아 있거나 죽은 나무줄기에 홀로 난다. 흔히 박달나무에 나서 박달상황버섯이라고도 한다. 박달나무와 같은 자작나뭇과인 자작나무, 사스래나무에도 난다. 오리나무, 백양나무, 버드나무에 나기도 한다.

약용 버섯으로 항암 성분이 있고 면역력을 키우는 데 좋은 버섯이다. 우리나라와 중국에서는 목질진흙버섯을 상황버섯이라고 하는데, 일본에서는 진흙버섯을 상황버섯이라고 한다.

자실체는 대가 없고 나무에 바로 붙어 난다. 어릴 때는 둥근 모양이다가 말굽 모양이나 둥근 산 모양이 된다. 때로 너비가 20cm나 될 만큼 둥글넓적하게 펴지는 것도 있다.

갓은 처음에는 밋밋하나 해마다 가장자리에 새살이 돋아 자라고 다시 굳어지면서 나이테 같은 무늬를 만든다. 겉은 어두운 회갈색이고 짧고 가는 털이 덮여 있다. 겉껍질은 자라면서 가로세로로 얕게 갈라진다. 오래되면 검은색이 되는데 때로 반들거리는 것도 있다. 가장자리는 무딘 둥근 모양이고 흰색 또는 회색빛을 띤다. 살은 나무같이 단단하며 어두운 갈색이다.

관공은 여러 층이고 밤색이다. 오래된 층은 흰색 균사로 메워져 있다. 관공구는 아주 작고 둥글다.

포자는 둥글고 매끈하다. 포자 무늬는 흰색이다.

크기 자실체 10~20×5~15cm
대형
특징 딱딱하며 나이테 같은 홈이 있다.
분포 전 세계
구분 분해균

층층버섯 *Porodaedalea pini* (Brot.) Murrill

낙엽층층버섯이라고도 한다. 여러해살이로 살아 있는 침엽수 줄기에 홀로 난다. 특히 가문비나무, 낙엽송, 소나무에서 잘 자란다. 우리나라에서는 거의 가문비나무에서 자라기 때문에 가문비나무상황이라고도 부른다. 북녘에서는 소나무혹버섯이라고 한다.

약용 버섯으로 면역력을 높여 주고 종양을 억제하는 성분이 있다. 상황버섯의 일종이지만 목질진흙버섯처럼 의학적으로 항암 효과가 검증되지는 않았고 약효도 훨씬 떨어진다. 목질진흙버섯과는 달리 뽕나무나 상수리나무 같은 활엽수에서 나지 않고 침엽수에서 난다.

자실체는 대가 없고 나무에 바로 붙어 난다. 갓은 넓적한 반원 모양 또는 말굽 모양이다. 갓은 어릴 때는 황갈색이고 겉은 짧은 털로 덮여 있다. 자라면서 차차 털이 떨어져 나가고 매끈한 바닥이 드러나면서 어두운 갈색 또는 검은색이 된다. 겉에는 거칠고 뚜렷하게 파인 둥근 홈이 있고 오래되면 거북등무늬처럼 갈라진다. 가장자리는 둥그스름하거나 때로 날카로우며 갓보다 조금 색이 연하다. 살은 황갈색이고 나무질로 되어 있어 딱딱하다.

관공은 황갈색이고 뚜렷하지 않은 여러 층으로 되어 있다. 오래된 층은 선명한 황갈색 포자로 꽉 차 있고 새로 난 층은 비어 있다. 관공구는 크기가 서로 다르고 둥글거나 미로처럼 생긴 것이 특징이다.

포자는 둥글고 매끈하다. 포자 무늬는 연한 갈색이다.

크기 자실체 10~40×5~20cm
대형
특징 관공구가 둥글거나 미로처럼 생겼다.
분포 북반구 온대 이북
구분 분해균

오징어새주둥이버섯

Lysurus arachnoideus (E. Fisch.) Trierv.

하얀 가지를 사방으로 펼친 모습이 오징어를 닮았다고 흰오징어버섯이라고도 한다. 북녘에서는 낙지버섯이라고 한다.

여름부터 가을까지 왕겨, 톱밥, 짚 더미에 홀로 나거나 무리 지어 난다. 인도, 스리랑카, 베트남, 타이와 같은 기온이 높고 습기가 많은 열대 지역에 나는 버섯인데, 요즈음에는 우리나라나 일본에도 드물게 난다.

독버섯으로 알려져 있고 고약한 냄새가 나서 먹지 않는다.

어린 자실체는 알처럼 생겼고 희고 말랑말랑하다. 알 꼭대기가 갈라지면서 8~10개의 가지를 지닌 대가 나온다. 가지는 처음에는 뭉쳐서 나와 반듯하게 위로 뻗는다. 곧 납작하게 누우면서 우산살 모양으로 펼쳐지는데, 마치 오징어가 거꾸로 서서 다리를 활짝 벌린 모습 같다. 가지는 끝으로 가면서 가늘어지고 맨 끝은 채찍처럼 약간 꼬부라져 있다. 속은 비어 있다.

벌어진 가지 가운데 부분에는 아주 고약한 냄새를 풍기는 흑갈색 점액이 고여 있는데, 이 점액 속에 포자가 들어 있다. 고약한 냄새로 벌레를 꾀어 들이고 벌레 몸에 점액을 묻혀 이곳저곳으로 포자를 퍼뜨린다.

대는 흰색이고 스펀지처럼 구멍이 숭숭 나 있다. 겉은 거칠고 가로세로로 잔주름이 있다. 속은 대롱 모양으로 뚫려 있는데 우무 같은 물질이 차 있다.

포자는 타원형이고 매끈하다. 포자 무늬는 흰색이다.

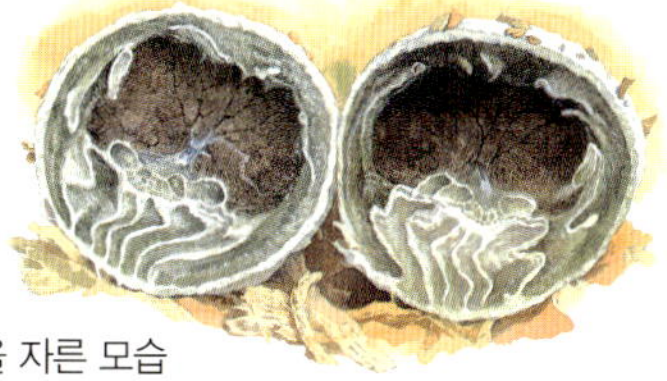
알을 자른 모습

크기 자실체 높이 10~20cm
중대형
특징 가지를 펼친 모습이 오징어 같다.
분포 우리나라, 일본, 동남아시아, 아메리카
구분 분해균

노랑망태버섯 *Phallus luteus* (Liou & L. Hwang) Kobayasi

노랑망태버섯은 분홍망태버섯이라고도 한다. 생김새가 망태말뚝버섯과 꼭 닮았으나 크기가 조금 작고 그물 치마가 노란색인 점이 다르다. 북녘에서는 노란그물갓버섯 또는 노란투망버섯이라고 한다.

여름과 가을에 두 번 난다. 활엽수와 침엽수가 섞여 자라는 숲 속 땅 위에 홀로 나거나 무리 지어 난다. 우리나라에서는 전국 어디서나 흔히 볼 수 있지만 일본을 비롯한 다른 나라에서는 거의 보기 힘든 버섯이다.

먹는 버섯이지만 중국이 아닌 다른 나라에서는 그다지 먹지 않는다. 머리에 있는 고약한 냄새가 나는 점액을 씻어 내고 요리한다.

어린 자실체는 알처럼 둥그스름하며 흰색이다. 문지르면 연한 자줏빛을 띤다. 밑동에는 뿌리같이 생긴 굵고 긴 균사 다발이 붙어 있다.

머리는 연한 노란색이며 포자가 들어 있는 어두운 녹갈색 점액에 덮여 있다. 머리와 대 사이에서 노란색 그물 치마가 나와 아래로 빠르게 땅에 닿을 만큼 자란다. 그물 치마는 활짝 펼쳐지면 지름이 10cm쯤 된다.

대는 흰색 또는 연한 노란색이며 구멍이 숭숭 뚫려 있다. 아래로 가면서 굵어지며 머리 꼭대기에 있는 하얀 돌기에서부터 밑동까지 속이 뚫려 있다. 밑동은 두꺼운 대주머니에 싸여 있다. 대주머니는 흰색 또는 연한 자주색이다.

포자는 긴 타원형이고 매끈하다. 포자 무늬는 연한 녹갈색이다.

크기 머리 2~3×3~5cm
대 길이 12~18cm, 대형
특징 노란색 그물 치마가 있다.
분포 우리나라, 일본
구분 분해균

말뚝버섯 *Phallus impudicus* L.

작은 알에서 길쭉하고 이상하게 생긴 것이 쑥 나와 빨리 자란다고 유럽에서는 말뚝버섯을 '마녀의 알' 이라고 부른다. 북녘에서는 자라가 목을 쑥 빼고 있는 것 같다고 자라버섯이라고 한다. 어릴 때는 망태말뚝버섯과 닮았다.

여름부터 가을까지 활엽수 또는 여러 가지 나무가 자라는 숲 속 땅 위에 홀로 나거나 무리 지어 난다. 대숲, 정원, 울타리 둘레에서도 볼 수 있다.

먹는 버섯으로 어린 버섯을 먹는다. 다 자란 것은 머리에 있는 냄새 나는 점액을 씻어 내고 먹는다.

어린 자실체는 알처럼 생겼는데 흰색이고 말랑말랑하다. 반으로 갈라 보면 속에 두껍고 노란 젤라틴 층이 있다. 이 젤라틴 층은 어린 버섯을 보호하고 버섯이 자라는 데 필요한 양분이 된다.

머리는 종처럼 생겼고 흰색이다. 겉은 그물눈 모양이다. 그물눈 가운데 옴폭한 곳에는 고약한 냄새를 풍기는 어두운 녹갈색 점액이 고여 있다. 점액 속에는 포자가 들어 있는데, 냄새로 벌레들을 꾀어 들여 포자를 퍼뜨린다. 꼭대기에는 고리 모양 흰색 돌기가 있고 그 가운데 나 있는 구멍은 대 밑동까지 뚫려 있다.

대는 흰색이다. 살은 스펀지처럼 구멍이 많이 나 있고 연해서 쉽게 부스러진다. 밑동은 두꺼운 흰색 대주머니에 싸여 있다.

포자는 긴 타원형이고 매끈하다. 포자 무늬는 연한 녹갈색이다.

크기 머리 1~3×3~5cm, 대 길이 10~15cm
대형
특징 어린 것은 망태말뚝버섯과 닮았다.
분포 우리나라, 아시아, 유럽
구분 분해균

망태말뚝버섯 *Phallus indusiatus* Vent.

망태버섯이라고도 한다. 그물 같은 하얀 치마를 두르고 있는 것이 특징이다. 유럽에서는 여왕버섯이라고 부를 만큼 크고 아름다운 버섯이다. 북녘에서는 그물갓버섯 또는 투망버섯이라고 한다.

여름과 가을에 두 번 나며, 대숲 땅 위에 흩어져 나거나 무리 지어 난다.

중국에서는 말린 것을 죽손이라고 하는데 아주 귀한 요리 재료로 쓴다. 머리에 붙어 있는 고약한 냄새가 나는 점액을 씻어 내고 대주머니를 떼서 말려 두었다가 물에 불려서 요리한다.

어린 자실체는 알처럼 생겼다. 밑동에는 뿌리 모양 균사 다발이 붙어 있다.

흔히 이른 아침에 껍질을 찢고 갓과 대가 나오는데, 자라는 속도가 빨라 두세 시간이면 다 자란다. 그물 치마도 갓과 대 사이에서 나와 아래쪽으로 아주 빠르게 자라는데, 우산 모양으로 활짝 펼쳐지면 지름이 무려 20cm에 이른다. 하지만 몇 시간 지나지 않아 시들기 시작하여 정오 무렵이면 쓰러져 버린다.

머리는 종 모양이며 흰색이다. 겉은 그물눈 모양인데 가운데 옴폭한 곳에는 녹갈색 점액이 고여 있다. 점액 속에는 많은 포자가 들어 있고 아주 고약한 냄새가 난다. 이 냄새로 벌레를 꾀어 들여 포자를 퍼뜨린다. 꼭대기에는 하얀 돌기가 있는데 가운데 난 구멍은 대 밑동까지 뚫려 있다.

대는 흰색이고 구멍이 숭숭 나 있어 잘 부스러진다. 아래로 가면서 굵어지며 밑동은 희고 두꺼운 대주머니에 싸여 있다. 속은 비어 있다.

포자는 긴 타원형이고 매끈하다. 포자 무늬는 연한 녹갈색이다.

크기 머리 2~4×3~5cm, 대 길이 12~18cm
대형
특징 대숲에서 난다.
분포 우리나라 남부 지방, 일본, 중국,
오스트레일리아, 북아메리카
구분 분해균

세발버섯 *Pseudocolus schellenbergiae* (Sumst.) M.M. Johnson

오징어 다리같이 생긴 붉은색 가지를 세 개 뻗고 있어서 세발버섯이라는 이름이 붙었다. 북녘에서도 삼발버섯이라고 한다.

늦은 봄부터 가을까지 숲 속 땅 위나 숲 언저리 길가 거름기 많은 곳에 흩어져 나거나 몇 개씩 모여 난다. 특히 대숲에서 잘 자라며 때로 썩은 나무줄기에서 나기도 한다. 우리나라 어디에서나 쉽게 볼 수 있는 흔한 버섯이다.

독성분은 밝혀지지 않았지만 생김새가 특이하고 지독한 냄새가 나서 거의 먹지 않는다.

어린 자실체는 지름이 1~2cm쯤 되는 하얀 알 모양이다. 끝이 뾰족하고 각진 가지 세 개가 껍질을 찢고 대 위에서 뻗어 나오는데 드물게 네 개에서 여섯 개인 것도 있다. 가지는 가늘고 길며 활처럼 휘었고 끝은 서로 붙어 있다. 가지 끝은 붉은색이고 아래로 갈수록 색이 연해져 등황색 또는 노란빛을 띤다. 가지 안쪽은 바깥쪽보다 색이 진하고 아주 지독한 냄새를 풍기는 흑갈색 점액이 붙어 있다. 점액 속에는 포자가 들어 있는데, 냄새로 벌레를 꾀어 들여 여기저기 포자를 퍼뜨린다.

대는 2~3cm로 가지보다 짧고 흰색이다. 속은 비어 있다. 대주머니는 흰색 또는 황갈색이다.

가지와 대는 스펀지처럼 구멍이 숭숭 뚫려 있고 연해서 쉽게 부스러진다.

포자는 긴 타원형이고 매끈하다. 포자 무늬는 흰색이다.

크기 자실체 높이 5~10cm, 중소형
특징 가지 안쪽 면에 냄새 나는 점액이 덮여 있다.
분포 우리나라, 일본, 대만, 인도, 북아메리카
구분 분해균

소나무잔나비버섯 *Fomitopsis pinicola* (Sw.) P. Karst.

소나무잔나비버섯은 소나무, 전나무, 솔송나무, 가문비나무 같은 침엽수에 자란다. 특히 소나뭇과 나무에서 잘 자라기 때문에 소나무잔나비버섯이라는 이름이 붙었다. 북녘에서는 전나무떡따리버섯이라고 한다.

여러해살이 버섯으로 죽은 나뭇가지, 베어 낸 그루터기, 쓰러진 나무줄기에 홀로 난다. 살아 있는 나무에 나서 나무줄기를 썩히는 병을 일으키기도 한다.

약용 버섯으로 당뇨병에 효과가 있어 약재로 쓰며 차처럼 달여 마신다.

갓은 어릴 때는 둥글며 탁구공만 하다. 자라면서 판판해져 말굽이나 반원 모양이 되는데 너비가 50cm에 이를 만큼 커진다. 해마다 가장자리가 덧자라 윗면에 나이테 같은 홈이 생긴다. 연한 노란색 또는 연한 황갈색이다가 차차 황갈색 또는 적갈색이 된다. 가운데는 검은색 또는 회색빛을 띤 검은색 얼룩이 있고 새로 자라는 가장자리는 새하얗다. 겉은 딱딱하며 아주 반들거린다. 살은 흰색 또는 연한 노란색이고 나무처럼 단단하다.

대가 없고 나무에 바로 붙어 난다.

관공은 연한 노란색이다가 차차 황갈색이 된다. 여러 층으로 이루어져 있는데 해마다 두께가 늘어난다. 관공구는 흰색이며 아주 작고 둥글다.

포자는 타원형이고 매끈하다. 포자 무늬는 흰색이다.

크기 자실체 3~20×3~30cm
중대형
특징 소나뭇과 나무에 많이 난다.
분포 전 세계
구분 분해균

불로초 *Ganoderma lucidum* (Curtis) P. Karst.

영지 또는 영지버섯이라고도 한다. 북녘에서는 불로초 또는 장수버섯, 만년버섯으로도 불린다. 진시황이 찾고자 했던 불로장생의 약이 불로초라고 전해질 만큼 중국에서는 오랜 옛날부터 귀한 약재로 여겼다.

약용 버섯으로 면역력을 높여 주고 피를 맑게 하며 항암 성분이 있다고 알려졌다. 약재로 쓰기 위해 참나무 원목이나 톱밥을 써서 널리 재배한다.

여름부터 가을까지 죽은 나무 밑동 또는 베어 낸 그루터기나 뿌리에 홀로 나거나 무리 지어 난다. 밤나무, 신갈나무, 배나무 같은 활엽수에 흔히 난다.

자실체 전체가 단단한 껍질로 싸여 있고 옻칠을 한 것처럼 반들거린다.

갓은 어릴 때는 공처럼 생겼고 자라면서 판판해져 둥그런 접시나 납작한 콩팥 모양이 된다. 처음에는 연한 노란색이다가 차차 갈색이나 적갈색이 된다. 윗면에는 나이테 같은 얕은 홈이 있고, 우산살 모양으로 흐릿하게 주름져 있다. 살은 나무처럼 단단하고 이층으로 되어 있는데, 위층은 희고 부드러우나 아래층은 연한 갈색이고 단단하다.

관공은 흰색 또는 연한 노란색이다. 관공구는 흰색이며 아주 작고 둥글다.

대는 갓과 같은 색이거나 검은색에 가깝다. 갓이 둥근 것은 가운데, 콩팥 모양인 것은 한쪽으로 치우쳐 붙는다. 때로 대가 없는 것도 있다.

포자는 넓은 타원형이고 돌기가 있다. 포자 무늬는 갈색이다.

크기 갓 지름 5~20cm, 대 길이 5~15cm
중대형
특징 전체가 옻칠을 한 것처럼 반들거린다.
분포 북반구 온대 지역
구분 분해균

잔나비불로초 *Ganoderma applanatum* (Pers.) Pat.

잔나비불로초는 원숭이가 앉아도 될 만큼 크고 단단하다고 원숭이안장버섯 또는 잔나비걸상이라고도 한다. 큰 것은 70cm나 되는 것도 있어 원숭이가 아닌 사람이 앉아도 될 정도다. 북녘에서는 넙적떡따리버섯이라고 한다.

여러해살이로 상수리나무, 박달나무, 단풍나무, 고로쇠나무 같은 활엽수의 죽은 나무줄기나 살아 있는 나무의 썩은 부분에 홀로 나거나 겹쳐 난다. 가로수나 길가의 말뚝 같은 곳에서도 잘 자라는 흔한 버섯이다. 살아 있는 나무속을 썩히는 병을 일으키기도 한다.

항암 성분이 있다고 알려져 있어 약으로 쓰며 잘게 부수어 달여 마신다.

자실체는 반원 모양이고 처음에는 판판하나 오래되면 말굽 모양이 된다. 갓 윗면에는 나이테 같은 홈이 있으며 잔주름이 우산살처럼 촘촘하게 퍼져 있다. 겉은 매끈하나 소나무잔나비버섯처럼 반들거리지는 않는다. 어릴 때는 밝은 갈색이다가 자라면서 점점 회갈색으로 변한다. 새로 자라는 가장자리 부분은 흰색이다. 살은 갈색 또는 어두운 갈색이고 나무처럼 아주 단단하다.

대가 없고 나무에 바로 붙어 난다.

관공은 흰색 또는 미색이다. 문지르거나 상처가 나면 어두운 갈색으로 변한다. 여러 층으로 되어 있는데, 한 층의 두께가 1cm쯤으로 두껍다. 관공구는 아주 작고 둥글다.

포자는 알 모양이고 두 겹의 막으로 싸여 있다. 포자 무늬는 황갈색이다.

크기 자실체 2~30×10~60cm
중대형
특징 많은 포자를 내뿜는다.
분포 전 세계
구분 분해균

잎새버섯 *Grifola frondosa* (Dicks.) Gray

가지 끝에 달린 갓이 나뭇잎처럼 생겨 잎새버섯이라는 이름이 붙었다. 학명도 '나뭇잎 모양 버섯'이란 뜻이다. 갓들이 위로 뻗은 모습이 춤추는 것 같다고 북녘에서는 춤버섯 또는 무용버섯이라고 한다.

맛과 향이 아주 좋아 송이에 버금간다. 유럽에서는 먹지 않지만 미국에서는 가장 맛 좋고 안전한 4대 버섯의 하나로 여긴다. 약한 독성분이 있지만 말리거나 익히면 없어진다.

가을에 활엽수 숲 속의 오래된 물참나무, 졸참나무, 밤나무, 물푸레나무 밑동에 뭉쳐난다. 우리나라에서는 아주 드문 버섯으로 톱밥을 써서 길러 먹는데, 맛과 향이 야생 버섯만 못하다.

자실체는 꽃양배추나 핀 솔방울 모양이다. 뭉툭한 대 하나가 여러 번 가지치기를 하고 그 가지 끝마다 은행잎 또는 꽃잎처럼 생긴 작은 갓들이 달려 둥그스름한 다발을 이룬다. 다발 하나가 5kg도 더 나갈 만큼 커다란 것도 있다.

갓은 흑갈색이고 차차 색이 바래 황토색이나 회갈색이 된다. 겉에는 흐릿한 고리 무늬와 우산살 모양 주름이 있다. 가장자리는 물결치듯 구불구불하며 가늘게 찢어지기도 한다. 살은 흰색이며 얇고 부드럽다.

관공은 흰색이며 대에 짧게 내린형으로 붙어 있다. 관공구도 흰색이며 작고 둥글거나 타원형에 가깝다.

대는 허연색이며 짧고 굵다. 속이 차 있어 단단하나 잘 부스러진다.

포자는 넓은 타원형이고 매끈하다. 포자 무늬는 흰색이다.

크기 자실체 지름 10~40cm, 높이 15~30cm 대형
특징 2~5cm의 작은 갓들이 겹쳐 다발을 이룬다.
분포 우리나라, 동아시아, 유럽, 북아메리카
구분 분해균

침버섯 *Mycoleptodonoides aitchisonii* (Berk.) Maas Geest.

긴수염버섯이라고도 한다.

여름부터 가을까지 흔히 참나무나 너도밤나무의 죽은 나무줄기나 그루터기에 겹치듯 무리 지어 난다. 우리나라에서는 아주 드문 버섯이다.

먹는 버섯으로 살이 단단하며 진한 과일 향이 나고 단맛이 난다. 살짝 데치거나 소금에 절였다가 요리한다. 우리나라에서는 드물어 거의 먹지 않는다. 혈압을 낮추고 혈당을 조절하는 성분이 밝혀졌고, 최근 톱밥을 써서 대량으로 인공 재배하는 데 성공하여 고혈압, 당뇨병 치료약으로 개발하고 있다.

갓은 부채나 조개, 주걱을 닮은 여러 가지 모양이 있고 흰색이거나 연한 노란빛을 띤다. 겉은 매끈하고 만지면 축축한 느낌이 있다. 가장자리는 물결치듯 구불거리고 약간 톱니 모양이며, 아래쪽으로 살짝 꺾인 모습이 사람 이와 닮았다. 살은 흰색인데 나무에 붙은 부분은 두껍고 가장자리는 얇다. 물기를 머금고 있을 때는 부드럽지만 마르면 눈에 띄게 줄어들고 질겨진다.

자실층은 흰색이며 포자가 떨어지고 나면 연한 황토색이 된다. 끝이 뾰족하고 짧은 돌기가 빽빽하게 아래로 늘어져 있어 노루궁뎅이와 닮았다.

대는 없거나 흔적만 남아 있고 갓 한쪽이 나무에 바로 붙는다.

포자는 굽은 원통형이고 매끈하다. 포자 무늬는 흰색이다.

크기 갓 지름 3~10cm, 소형
특징 진한 과일 향이 난다.
분포 우리나라, 일본, 인도
구분 분해균

때죽조개껍질버섯

Lenzites styracina (Henn. & Shirai) Lloyd

도장버섯속에 있을 때는 때죽도장버섯이라고 불렀으나, 새 분류에서 조개껍질버섯속이 되면서 이름도 때죽조개껍질버섯으로 바뀌었다. 북녘에서는 때죽나뭇과인 쪽동백나무에 흔히 난다고 동백나무조개버섯이라고 한다.

여름부터 가을까지 죽은 때죽나무나 쪽동백나무 가지에 겹쳐 나거나 무리 지어 난다. 때로 살아 있는 나무에 나기도 하지만 때죽조개껍질버섯이 자라기 시작하면 마침내 죽고 만다. 우리나라와 일본에만 나는 버섯이다.

자실체는 반쯤은 나무에 붙었고 반쯤은 떨어져 있다. 아랫부분이 폭 넓게 나무에 붙는데, 위아래 있는 것들끼리 겹치면서 길게 이어진다.

갓은 반원이나 조개껍질 모양이다. 황갈색, 적갈색, 갈색, 흑갈색 들로 이루어진 뚜렷한 고리 무늬가 무지개 모양을 이룬다. 새로 자라는 가장자리는 흰빛을 띤다. 겉에는 가루 같은 잔털이 덮여 있다가 차차 매끈해지면서 나무껍질처럼 딱딱해진다. 고리 무늬를 따라 얕은 홈이 나 있고 우산살 모양 잔주름이 있다. 살은 흰색 또는 황토색이며 아주 얇고 가죽처럼 질기다.

자실층은 흰색 또는 회색빛을 띤 흰색이다. 깊게 파인 홈이 거친 주름 또는 미로 모양으로 나 있는데, 홈과 홈 사이는 넓고 성글다. 겉에는 가루 모양 비늘 조각이 덮여 있고 아주 바짝 말랐으며 단단하다.

대는 없고 나무에 바로 붙는다.

포자는 원통형이고 매끈하다. 포자 무늬는 흰색이다.

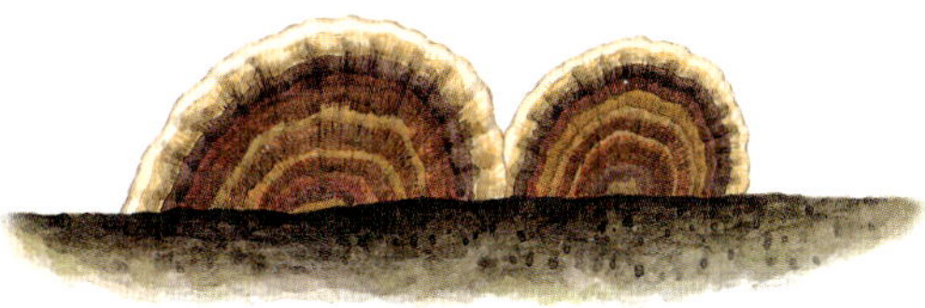

크기 자실체 지름 2~6cm, 소형
특징 자실층이 미로 모양이다.
분포 우리나라, 일본
구분 분해균

새잣버섯 *Neolentinus lepideus* (Fr.) Redhead & Ginns

잎갈나무에서 많이 난다고 북녘에서는 이깔나무버섯이라고 한다.

이른 여름부터 가을까지 살아 있는 소나무나 잎갈나무 가지 또는 베어 낸 그루터기에 홀로 나거나 뭉쳐난다. 드물게 다른 침엽수에 나기도 한다. 흔히 소나무에서 나고 송이와 생김새가 닮아서 송이로 잘못 알기 쉽지만, 송이가 땅에 나는 것과 달리 나무에서 난다.

먹을 수 있는 버섯이지만 사람에 따라 토하거나 설사 같은 가벼운 중독을 일으키기도 한다. 약으로도 쓰며 침엽수 원목이나 톱밥에 재배한다.

갓은 어릴 때는 둥근 산 모양이고 가장자리는 안쪽으로 말려 있다. 자라면서 판판하게 펴지는데 흔히 가운데가 살짝 눌린 것처럼 오목하다. 흰색이나 연한 노란색이고 겉은 황갈색 또는 암갈색 비늘 조각이 납작하게 붙어 있다. 때로 갓 가운데 부분이 갈라져서 하얀 속살이 드러나기도 한다. 살은 희고 소나무 향이 나며 두껍고 질기다.

주름살은 흰색이며 폭이 넓고 약간 빽빽하다. 대에 홈파인형 또는 내린형으로 붙어 있다. 주름살 날은 톱니 모양이다.

대 위쪽에는 도드라진 세로줄이 주름살과 이어져 있다. 갓과 같은 색이며 겉은 거스러미 같은 갈색 비늘 조각이 고리 무늬를 이루고 있다. 밑동에는 긴 균사 다발이 붙어 있다. 속은 차 있다. 턱받이는 대 위쪽에 있으나 뚜렷하지 않고 곧 없어진다.

포자는 원통형 또는 긴 타원형이고 매끈하다. 포자 무늬는 흰색이다.

크기 갓 지름 4~15cm, 대 길이 2~7cm
중형
특징 주름살 날이 톱니처럼 생겼다.
분포 전 세계
구분 분해균

구름송편버섯 *Trametes versicolor* (L.) Lloyd

물결치듯 구불구불한 자실체가 수십 개 때로는 수백 개가 모여 겹쳐 나는 모습이 구름을 닮아 구름버섯 또는 운지버섯이라고도 한다. 북녘에서는 기왓장을 쌓아 놓은 것처럼 생겼다고 기와버섯*이라고 한다. 주름버섯목 느타리과 구름버섯속에 있었으나, 새 분류에서 구멍장이버섯목 구멍장이버섯과 송편버섯속으로 바뀌었다.

봄부터 늦가을까지 침엽수나 활엽수의 그루터기, 쓰러진 나무줄기, 썩은 가지 같은 곳에 많은 수가 겹치듯 무리 지어 난다. 일 년 내내 어디에서나 볼 수 있는 아주 흔한 버섯이다.

약용 버섯으로 항암 성분을 지니고 있어 암을 치료하는 약재로 쓴다.

갓은 반원 또는 부채 모양이다. 검은색, 회색, 황갈색, 암갈색, 짙은 푸른색 같은 여러 가지 색이 어울려 고리 무늬를 나타내는데, 전체적으로는 회색 또는 검은색으로 보인다. 겉은 아주 짧고 가는 털로 덮여 있어 만져 보면 벨벳 같다. 살은 흰색이고 아주 얇지만 가죽처럼 질기다.

관공은 흰색이나 연한 미색이며 때로 회색을 띠는 것도 있다. 관공구는 흰색이다. 아주 작고 둥글며 때로 조금 각진 것도 있다.

대는 없다.

포자는 굽은 원통형이며 매끈하다. 포자 무늬는 흰색이다.

* 남녘에서 기와버섯이라고 부르는 버섯은 학명이 *Russula virescens* (Schaeff.) Fr.으로 북녘에서 풀색무늬갓버섯이라고 하는 다른 종이다.

크기 갓 지름 1~5cm, 소형
특징 갓에 여러 가지 색이 섞인 고리 무늬가 있다.
분포 전 세계
구분 분해균

복령 *Wolfiporia extensa* (Peck) Ginns

흔히 복령이라고 부르는 것은 자실체가 아닌 균사 덩어리인 균핵이다. 소나무 뿌리에 혹처럼 붙어 난다고 북녘에서는 솔뿌리혹버섯이라고 한다.

여름부터 가을까지 베어 낸 소나무의 땅 속 깊이 있는 뿌리에 무리 지어 난다. 여러해살이로 고구마나 감자같이 둥그스름하게 생겼는데, 주먹만 한 것에서부터 어른 머리만 한 것도 있다. 때로 뿌리를 둘러싸고 길게 자라기도 하는데 이것은 따로 복신이라고 한다.

약용 버섯으로 흔히 4~5년 된 것을 약으로 쓴다. 소변을 잘 나오게 하고 위장을 튼튼하게 하는 성질이 있어 한방에서는 중요한 약재로 쓴다. 최근에는 항암 성분이 있는 것이 밝혀져서 관심을 끌고 있다. 드문 버섯으로 흔히 인공 재배한 것을 쓴다.

겉은 회갈색 또는 적갈색이며 오래된 것은 어두운 적갈색이다. 소나무 껍질처럼 거칠고 울퉁불퉁하며 때로 갈라져서 하얀 속살이 보이기도 한다. 살은 새하얗고 물기가 많으나 마르면 단단해지고 잘 부서진다. 분홍빛을 띠는 것도 있는데 살이 흰색인 것을 백복령, 분홍색인 것을 적복령이라고 한다.

자실체는 소나무 줄기나 복령 겉면에 넓게 붙어 있다. 그물 모양이고 아주 얇지만 가죽처럼 질기다. 흰색이고 차차 연한 갈색이 된다. 겉에는 관공이 빽빽하게 퍼져 있다. 관공구는 아주 작으며 둥글거나 각진 모양이다.

포자는 원통형이고 매끈하다. 포자 무늬는 회백색이다.

크기 균핵 지름 7~31cm, 중대형
특징 복령은 자실체가 아닌 균핵이다.
분포 우리나라, 일본, 중국, 유럽, 북아메리카
구분 분해균

노루궁뎅이 *Hericium erinaceus* (Bull.) Pers.

기다란 침 모양 돌기가 빽빽하게 나 있는 둥그스름한 모습이 노루 궁둥이를 닮았다고 노루궁뎅이라는 이름이 붙었다. 북녘과 서양에서는 고슴도치를 닮았다고 고슴도치버섯이라고 한다. 중국에서는 원숭이머리버섯이라고 한다.

가을에 떡갈나무, 졸참나무, 너도밤나무, 단풍나무 같은 활엽수의 죽은 나무줄기나 그루터기에 홀로 나거나 무리 지어 난다. 살아 있는 나무의 상처 난 곳에서도 자란다. 드문 버섯으로 골목이나 톱밥을 써서 널리 재배한다.

먹을 수 있는 버섯으로 향이 독특하고 약간 쓴맛은 있지만 맛이 아주 좋다. 치매를 예방하고 치료하는 성분이 있어 약으로도 쓴다.

자실체는 어릴 때는 찐빵처럼 희고 둥글다. 자라면서 아랫부분이 늘어나 짧은 대를 만들고 대는 다시 여러 개의 가지로 갈라진다. 가지들은 굵고 서로 빽빽하게 뭉쳐 있어서 겉에서 보면 커다랗고 둥근 덩어리로 보인다. 가지 끝에는 수많은 침 모양 돌기가 수염처럼 아래로 늘어져 있다.

자실층은 이 돌기의 겉면에 있다. 돌기는 포자를 머금고 있을 때는 통통하지만 포자를 다 내뿜고 나면 가늘어진다. 돌기는 처음에는 흰색이지만 차차 뾰족한 끝 부분이 마르면서 연한 노란빛을 띤다. 오래되면 군데군데 갈색 얼룩이 생긴다. 살은 흰색이다. 스펀지처럼 크고 작은 구멍이 나 있고 부드럽다.

포자는 둥글고 아주 작은 돌기가 있다. 포자 무늬는 흰색이다.

크기 자실체 지름 5~20cm, 대형
특징 1~5cm 길이의 침 모양 돌기가 빽빽하게 나 있다.
분포 우리나라, 동아시아, 유럽, 북아메리카
구분 분해균

배젖버섯 *Lactarius Volemus* (Fr.) Fr.

젖버섯아재비
Lactarius hatsudake Nobuj. Tanaka
배젖버섯과 닮았지만 갓에 고리 무늬가 있다. 상처가 나면 붉은색 젖이 나오고 그 자리가 푸르게 변한다.

배젖버섯은 칼로 베어 보면 하얀 젖이 많이 나온다. 그래서 북녘에서는 젖버섯이라고 한다.

이른 여름부터 가을까지 흔히 너도밤나무, 물참나무, 졸참나무 같은 활엽수 둘레 땅 위에 흩어져 나거나 무리 지어 난다.

먹는 버섯으로 살이 퍼석퍼석해서 씹는 맛은 없지만 아주 맛 좋은 즙이 우러나 국이나 찌개 같은 국물 요리에 쓴다.

갓은 어릴 때는 가운데가 오목한 둥근 산 모양이고 가장자리는 안쪽으로 말려 있다. 자라면서 가장자리가 판판하게 펴지거나 가장자리가 위로 젖혀져 얕은 깔때기 모양이 되기도 한다. 황갈색 또는 적갈색이며 때로 색이 연한 것도 있다. 어린 것은 색이 더 진하다. 겉은 고운 가루가 덮여 있으나 가루가 떨어져 나가면서 매끈해진다. 살은 흰색이고 단단하며 약간 나쁜 냄새가 난다. 살을 베어 보면 하얀 젖이 아주 많이 나온다. 젖은 끈적하고 약간 떫은 맛이 난다. 굴털이와 달리 젖과 상처 자리가 시간이 지나면서 차차 갈색으로 변한다.

주름살은 흰색이나 연한 노란색이며 때로 갈색 얼룩이 생긴다. 빽빽하며 대에 완전붙은형 또는 내린형으로 붙어 있다.

대는 위아래 굵기가 비슷하다. 색은 갓과 같거나 조금 연하다. 속은 차 있으나 차차 빈다.

포자는 둥글며 뚜렷한 그물 무늬가 있다. 포자 무늬는 흰색이다.

크기 갓 지름 3~12cm, 대 길이 2~10cm
중소형
특징 젖과 살은 공기를 쐬면 갈색으로 변한다.
분포 우리나라, 일본, 중국, 유럽, 북아메리카
구분 공생균

젖버섯 *Lactarius piperatus* (L.) Pers.

굴털이라고도 한다. 대가 짧아 땅속에서부터 갓이 펴져서 흙을 뒤집어쓰고 나오기도 한다. 그래서 북녘에서는 흙쓰개젖버섯이라고 한다. 학명은 '후추처럼 매운 젖' 이라는 뜻이다. 칼로 베어 보면 하얀 젖이 많이 나오는데, 살짝 찍어 맛을 보면 혀가 얼얼하면서 감각이 없어질 만큼 아주 매운 맛이 난다.

여름부터 가을까지 너도밤나무, 졸참나무 같은 활엽수가 자라는 숲이나 소나무 숲 속 땅 위에 무리 지어 난다.

독성분은 없다. 매운맛이 나는 젖을 잘 씻어 내면 먹을 수 있다고 하지만 잘 먹지 않는다.

갓은 어릴 때는 가운데가 오목한 둥근 산 모양이고 가장자리는 바짝 안으로 말려 있다. 자라면서 가장자리가 차차 펴져 크게 구불거리고 나중에는 위로 젖혀져 깔때기 모양이 된다. 흰색 또는 연한 노란색이고 종종 칙칙한 황갈색 얼룩이 생긴다. 겉은 매끈하고 잔주름이 있다. 살은 흰색이다. 칼로 베어 보면 하얀 젖이 많이 나온다. 젖은 말라도 색이 변하지 않는다.

주름살은 흰색이고 자라면서 차차 연한 노란색이 된다. 아주 빽빽하며 대에 완전붙은형 또는 약간 내린형으로 붙어 있다.

대는 희고 매끈하며 짧다. 위아래 굵기가 비슷하거나 때로 밑동으로 가면서 가늘어진다. 속은 차 있으나 차차 크고 작은 구멍이 많이 생긴다.

포자는 둥글며 작은 돌기와 줄무늬가 있다. 포자 무늬는 흰색이다.

크기 갓 지름 4~15cm, 대 길이 3~9cm
중대형
특징 젖은 매우 맵고 색이 변하지 않는다.
분포 북반구 온대 지역, 오스트레일리아
구분 공생균

흰주름젖버섯 *Lactarius hygrophoroides* Berk. & M.A. Curtis

넓은갓젖버섯이라고도 한다. 북녘에서는 배젖버섯보다 주름살이 훨씬 성글다고 성긴주름젖버섯이라고 한다. 배젖버섯과 아주 닮았지만 갓 색이 연하고 주름살에 갈색 얼룩이 생기지 않는다.

여름부터 가을까지 침엽수 숲이나 활엽수 숲 속 땅 위에 흩어져 나거나 무리 지어 난다.

독성분이 없어 먹을 수 있는 버섯이다.

갓은 어릴 때는 둥근 산 모양이고 가장자리가 안쪽으로 말려 있다. 자라면서 판판해지는데 가장자리가 물결 모양으로 구불거리거나 가운데가 오목하게 꺼져 깔때기 모양이 되기도 한다. 연한 노란색 또는 연한 황갈색이며 오래되어도 갈색 얼룩이 생기지 않는다. 겉에는 고운 가루 같은 비늘 조각이 덮여 있고 구김살 같은 잔주름이 있다. 살은 희고 두껍지만 부스러지기 쉽다. 칼로 베어 보면 흰색 젖이 많이 나오는데 시간이 지나도 색이 변하지 않는다. 젖은 매운맛도 떫은맛도 없다.

주름살은 흰색이고 다 자라면 연한 노란색이 된다. 아주 성글며 대에 완전 붙은형 또는 내린형으로 붙어 있다.

대는 짧고 위아래 굵기가 비슷하다. 색은 갓과 같거나 조금 연하다. 겉은 가루 같은 비늘 조각으로 덮여 있고 세로로 잔주름이 있다. 속은 차 있으나 자라면서 구멍이 많이 생긴다.

포자는 넓은 타원형이고 돌기와 그물 무늬가 있다. 포자 무늬는 흰색이다.

크기 갓 지름 3~11cm, 대 길이 2~7cm
중소형
특징 살과 젖 색이 변하지 않는다.
분포 우리나라, 일본, 중국, 유럽, 북아메리카
구분 공생균

기와버섯 *Russula virescens* (Schaeff.) Fr.

갓 겉껍질이 갈라 터진 모습이 깨진 기와 조각을 늘어놓은 것 같아 기와버섯이라는 이름이 붙었다. 풀색을 띠고 있다고 북녘에서는 풀색무늬갓버섯 또는 록색반점버섯이라고 한다.

여름부터 가을까지 졸참나무, 상수리나무, 자작나무 같은 활엽수가 자라는 숲 또는 침엽수가 섞여 자라는 숲 속 땅 위에 홀로 나거나 흩어져 난다. 몇 개씩 무리 지어 나기도 한다.

무당버섯 가운데 가장 맛있는 버섯으로 매운맛을 우려내고 먹는다.

갓은 어릴 때는 둥근 산처럼 생겼다가 차차 판판해지는데 가운데는 약간 오목하다. 드물게 가장자리가 위로 젖혀지기도 한다. 연한 초록색이나 푸른곰팡이 같은 색이다. 겉은 매끈하나 반들거리지는 않으며 물기를 머금으면 조금 끈적거린다. 겉껍질은 자라면서 거북등무늬처럼 터지는데 가운데 부분은 터지지 않는다. 터지는 모양은 나는 곳이나 기후에 따라 조금씩 다르다. 살은 흰색이며 부스러지기 쉽다. 가장자리는 살이 얇아 가는 줄무늬가 나타난다.

주름살은 흰색이고 자라면서 연한 미색이 된다. 약간 빽빽하며 대에 떨어진형으로 붙어 있다. 주름살 날은 가루 모양이다.

대는 굵고 단단하며 위아래 굵기가 비슷하다. 흰색이고 겉은 매끈하다. 속은 차 있으나 구멍이 많이 생겨 스펀지처럼 된다.

포자는 둥그스름하며 돌기와 그물 무늬가 있다. 포자 무늬는 흰색이다.

크기 갓 지름 5~14cm, 대 길이 3~10cm
중형
특징 갓이 초록색이며 거북등무늬처럼 터진다.
분포 북반구 온대 이북
구분 공생균

수원무당버섯 *Russula mariae* Peck.

무당버섯

Russula emetica (Schaeff.) Pers.

수원무당버섯보다 크고 주름살이 성글다. 대는 희고 매끈하다.

수원무당버섯은 이른 여름부터 이른 가을까지 소나무 숲 또는 소나무와 너도밤나무가 섞여 자라는 숲 속 땅 위에 홀로 나거나 무리 지어 난다.

냉이 향이 나고 맛이 부드러워 소금에 절여 두었다가 겨울에 먹기도 한다. 하지만 외국에서는 독버섯으로 취급하기도 하여 아직 식용 버섯이나 독버섯으로 뚜렷하게 분류하지 않고 있다. 독버섯인 무당버섯과 많이 닮았지만 무당버섯보다 작고 대 밑동이 연한 붉은빛을 띠며 갓과 대에 고운 가루가 덮여 있는 것 들로 구별한다.

갓은 어릴 때는 둥근 산처럼 생겼고 자라면서 판판해지는데 가운데는 조금 오목하다. 다 자라면 가장자리에 얕게 파인 줄무늬가 나타난다. 붉은색 또는 진한 분홍색이며 때로 그보다 진하거나 연한 얼룩이 생긴다. 비를 맞으면 색이 연해진다. 겉은 매끈하며 고운 가루로 덮여 있다. 물기를 머금으면 끈적끈적해진다. 살은 흰색이고 부드러워 쉽게 부스러진다.

주름살은 흰색이고 자라면서 연한 노란색이 된다. 약간 빽빽하며 대에 떨어진형으로 붙어 있다.

대는 밑동 쪽이 조금 가늘다. 흰색이며 연한 붉은빛을 띤다. 겉은 고운 가루로 덮여 있다. 속은 차 있으나 때로 빈 것도 있다.

포자는 둥그스름하며 그물 무늬가 있다. 포자 무늬는 흰색이다.

크기 갓 지름 2~5cm, 대 길이 2~4cm
소형
특징 냉이 향이 난다.
분포 우리나라, 일본, 북아메리카
구분 공생균

절구무당버섯 *Russula nigricans* Fr.

생김새가 절구 같다고 절구무당버섯이라는 이름이 붙었다. 주름이 성글고 오래되면 검게 변해서 북녘에서는 성긴주름검은갓버섯 또는 검은거짓젖버섯이라고 한다. 썩은 절구무당버섯에서 덧부치버섯이 자라기도 한다.

여름부터 가을까지 침엽수와 활엽수가 섞여 자라는 숲 속 땅 위에 홀로 나거나 무리 지어 난다. 소나무, 가문비나무, 상수리나무 둘레에 많이 난다.

독버섯이다. 독성이 약해 익혀 먹으면 괜찮다고 하지만 독성이 아주 강한 절구무당버섯아재비와 닮아서 헷갈리기 쉬우니 먹지 않는 것이 좋다.*

갓은 어릴 때는 둥근 산처럼 생겼고 가장자리가 안으로 말려 있다. 자라면서 판판해지고 나중에는 가운데가 오목한 절구 모양이 된다. 처음에는 칙칙한 흰색이지만 자라면서 암갈색, 흑갈색을 거쳐 검은색이 된다. 겉은 매끈하다. 살은 흰색이고 잘라 보면 붉은색이 되었다가 검은색으로 변한다.

주름살은 흰색이고 포자가 다 떨어지고 나면 검은색이 된다. 폭이 아주 넓고 두꺼우며 성글다. 대에 완전붙은형 또는 내린형으로 붙어 있다.

대는 굵고 짧으며 갓과 색이 같다. 겉은 가루 모양이다. 속은 처음에는 꽉 차 있으나 오래된 것은 벌레가 먹어 거의 비어 있다.

포자는 둥그스름하며 돌기와 그물 무늬가 있다. 포자 무늬는 흰색이다.

* 절구무당버섯아재비는 절구무당버섯과 달리 붉게 변한 살이 검게 변하지 않는다..

크기 갓 지름 6~18cm, 대 길이 3~7cm
중대형

특징 상처 자리는 붉은색을 거쳐
검은색으로 변한다.

분포 우리나라, 일본

구분 공생균

청머루무당버섯 *Russula cyanoxantha* (Schaeff.) Fr.

청머루무당버섯은 갓이 자주색, 노란색, 초록색 같은 여러 가지 색을 띤다. 그래서 북녘에서는 색갈이갓버섯이라고 한다.

여름부터 가을까지 너도밤나무, 모밀잣밤나무, 떡갈나무, 졸참나무, 자작나무 들이 섞여 자라는 활엽수 숲 속 땅 위에 홀로 나거나 무리 지어 난다. 특히 너도밤나무 둘레에서 많이 난다.

맛이 좋아 옛날부터 많이 먹는 버섯이다. 그러나 갓 색이 여러 가지로 변하는 데다가 닮은 버섯 가운데 독버섯이 많으므로 주의해야 한다.

갓은 어릴 때는 둥근 산처럼 생겼다. 자라면서 판판해지나 드물게 가운데가 조금 오목해지기도 한다. 처음에는 자주색이었다가 마지막에는 진한 초록색이 되는데 그 사이에 연한 붉은색, 노란색, 푸른색, 청록색, 황록색, 녹갈색 같은 여러 가지 색으로 변하고, 때로는 두세 가지 색이 함께 섞이기도 한다. 겉은 매끈하며 물기를 머금으면 끈적끈적해진다. 살은 두껍고 단단하다. 흰색이며 상처가 나도 색이 변하지 않는다.

주름살은 흰색 또는 연한 노란색이다. 폭이 넓고 끝이 둥그스름하다. 약간 빽빽하며 대에 완전붙은형으로 붙어 있다.

대는 짧고 굵으며 위아래 굵기가 비슷하다. 흰색이며 드물게 붉은빛을 띠는 것도 있다. 겉은 매끈하다. 속은 차 있으나 자라면서 빈다.

포자는 둥그스름하며 작은 돌기와 불규칙하고 가는 그물 무늬가 있다. 포자 무늬는 흰색이다.

크기 갓 지름 4~15cm, 대 길이 4~8cm
중대형
특징 갓이 여러 가지 색으로 변한다.
분포 우리나라, 일본, 중국, 유럽,
북아메리카, 아프리카
구분 공생균

흰굴뚝버섯 *Boletopsis leucomelaena* (Pers.) Fayod

흰굴뚝버섯은 하얗다가 차차 검게 변하고 살이 가죽처럼 질기다. 그래서 북녘에서는 검은가죽버섯이라고 한다. 시골에서는 굽더더기라고도 부른다.

가을에 침엽수 숲 속 땅 위에 흩어져 나거나 때로 무리 지어 난다. 소나무나 전나무 둘레에서 잘 자란다. 송이와 생김새도 닮았고 나는 곳과 때도 비슷하다. 송이가 있는 곳 근처를 잘 살펴보면 흔히 흰굴뚝버섯이 있다. 대가 짧아 낙엽 속에 묻히듯이 나서 눈에 잘 띄지 않는다.

시커먼 생김새와 달리 아주 맛있는 버섯이다. 약간 쓴맛이 있지만 오히려 독특한 그 맛을 즐기는 사람이 많다. 독버섯인 검은쓴맛그물버섯과 닮아 잘못 먹고 중독 사고가 일어나기도 한다. 흰굴뚝버섯은 늦가을에 나지만 검은쓴맛그물버섯은 여름에 나는 것으로 구별한다.

갓은 어릴 때는 둥근 산 모양이고 가장자리가 안쪽으로 말려 있다. 자라면서 판판해지는데 때로 가장자리가 위로 젖혀지기도 한다. 처음에는 회색빛을 띤 흰색이고 차차 검은색이 된다. 겉에는 가늘고 짧은 털이 빽빽하게 덮여 있다. 살은 흰색이며 두껍고 질기다. 문지르면 붉은빛을 띤 회색으로 변한다.

자실층은 관공 모양이고 대에 짧게 내린형으로 붙어 있다. 관공구는 아주 작고 둥글다. 처음에는 흰색이다가 차차 회색이 된다.

대는 뭉툭하고 밑동은 조금 가늘다. 색은 갓과 같다. 속은 차 있다.

포자는 둥그스름하며 작은 돌기가 있다. 포자 무늬는 흰색이다.

크기 갓 지름 5~21cm, 대 길이 2~8cm
중대형
특징 갓이 회색빛을 띤 흰색에서 검은색으로 변한다.
분포 우리나라, 동아시아, 유럽, 북아메리카
구분 공생균

향버섯 *Sarcodon imbricatus* (L.) P. Karst.

향이 진해서 향버섯이라는 이름이 붙었다. 흔히 능이라고 부른다. 북녘에서는 능이버섯이라고 한다.

가을에 활엽수 숲 속 땅 위에 홀로 나거나 무리 지어 난다. 특히 신갈나무나 물참나무 둘레에 많이 난다.

향이 독특할 뿐만 아니라 쫄깃쫄깃하고 맛도 아주 좋아 곳에 따라 송이보다 더 귀한 버섯으로 여기기도 한다. 단백질을 분해하는 효소가 많이 들어 있어 고기를 먹고 체했을 때에 소화제로 달인 물을 마시기도 한다. 쉽게 상하므로 살짝 데쳐서 냉동하거나 잘게 찢어 말려서 사계절 내내 두고 먹는다.

갓은 어릴 때는 판판하거나 가운데가 약간 오목한 둥근 산 모양이다. 다 자라면 가운데가 움푹하게 파여 깔때기 모양이 되는데, 가운데 난 구멍이 밑동까지 뚫리기도 한다. 어릴 때는 연한 갈색 또는 연한 붉은빛을 띠다가 차차 흑갈색이 된다. 겉에는 솔방울 모양 비늘 조각이 퍼져 있는데 가운데 있는 것은 크고 거칠다. 가장자리는 크게 물결치듯 구불거리며 안으로 말려 있다. 살은 연분홍색이고 아주 단단하다. 마르면 흑갈색이 되고 향이 더 진해진다.

자실층은 침처럼 뾰족한 돌기가 빽빽하게 덮고 있다. 대에 내린형으로 붙어 있다. 돌기는 처음에는 회백색이다가 암갈색으로 변한다.

대는 뭉툭하고 갓보다 조금 연한 색이다. 종종 밑동까지 침 모양 돌기가 붙어 있다. 속은 비어 있다.

포자는 둥글며 돌기가 있다. 포자 무늬는 연한 갈색이다.

크기 갓 지름 7~25cm, 대 길이 3~6cm
중대형
특징 마르면 향이 더 진해진다.
분포 우리나라, 일본, 중국
구분 공생균

까치버섯 *Polyozellus multiplex* (Underw.) Murrill

까치 깃털 색을 닮았다고 까치버섯이라는 이름이 붙었다. 지방에서는 먹버섯 또는 곰버섯이라고도 부른다. 잎새버섯과 닮았으며 검은빛을 띠고 있다고 북녘에서는 검은춤버섯 또는 양배추검은버섯이라고 한다.

가을에 활엽수 숲 또는 활엽수와 침엽수가 섞여 자라는 숲 속 땅 위에 홀로 나거나 무리 지어 난다.

먹는 버섯으로 끓는 물에 살짝 데쳐서 쓴맛과 검은 물을 빼고 먹는다. 소금에 절여 두고 먹기도 한다. 말린 것은 한약재로도 쓴다.

자실체는 수국꽃이나 꽃양배추처럼 생겼다. 밑동에서 위로 가면서 여러 번 가지가 갈라지고, 그 가지 끝마다 작은 갓이 달려 커다란 다발을 이룬다.

갓은 꽃잎, 구둣주걱 또는 부채처럼 생겼고 서로 이어져 있거나 겹쳐 있다. 진한 남색 또는 검은빛을 띤 남색인데 거의 검은색으로 보인다. 가장자리는 허옇고 물결치듯 구불거리며 때로 찢어지기도 한다. 겉은 매끈하다. 살은 얇고 부드러워 잘 부스러지나 마르면 단단해진다. 바닷말인 톳과 비슷한 냄새가 나는데 마르면 향이 더 진해진다.

자실층은 회백색 또는 회청색이고 세로로 잔주름이 있다. 겉에는 하얀 가루가 덮여 있다가 차차 없어진다. 대에 길게 내린형으로 붙어 있다.

대는 원통형이고 자실층이 밑동까지 주름으로 길게 이어져 있어 갓과 경계가 뚜렷하지 않다. 색은 갓과 같다.

포자는 둥글며 혹 같은 돌기가 있다. 포자 무늬는 흰색이다.

크기 자실체 지름 6~31cm, 높이 5~13cm 대형
특징 잎새버섯과 닮았고 거의 검은색이다.
분포 우리나라, 일본, 중국, 북아메리카
구분 공생균

흰목이 *Tremella fuciformis* Berk.

나무에 귀처럼 달려 있는 흰색 버섯이라고 흰목이라는 이름이 붙었다. 북녘에서는 흰흐르레기버섯이라고 한다.

여름부터 가을까지 활엽수 숲 속 죽은 나무줄기나 쓰러진 나무에 홀로 나거나 무리 지어 난다. 특히 물참나무에서 잘 자란다. 완전히 썩은 나무보다는 아직 목질이 단단한 나무에서 잘 자라는데, 나무껍질을 들추면서 어린 버섯이 나온다. 드문 버섯으로 참나무에 인공 재배 한다.

우리나라에서는 잘 먹지 않지만 맛이 부드럽고 오도독오도독 씹히는 느낌이 특이해서 중국에서는 은이*라 부르며 귀한 요리 재료로 쓴다. 달인 물에 꿀이나 설탕을 넣어 차처럼 마시기도 하고 동충하초와 더불어 귀한 약재로 쓰기도 한다.

자실체는 전체가 흰색이며 매끈한 젤라틴질로 얇고 반투명하다. 위쪽은 꽃잎처럼 생겼고 얇으며, 아래쪽은 굵고 단단하다. 가장자리는 가끔 찢어지거나 불규칙하게 구불거리고 강한 햇빛이 닿으면 연한 노란색으로 변하기도 한다. 꽃잎 모양이 여러 장 겹쳐 하나의 다발을 이룬다. 살은 말랑말랑하고 부드럽지만 마르면 오그라들어 종이처럼 얇고 딱딱해진다. 마른 것을 물에 넣어 두면 다시 제 모습이 되는데 30배까지 불어난다.

자실층은 버섯 양쪽 면에 고루 퍼져 있다.

포자는 둥그스름하고 매끈하다. 포자 무늬는 흰색이다.

* 은이(銀栮)는 은만큼 가치가 있는 귀한 버섯이라는 뜻이다.

크기 자실체 지름 4~12cm, 높이 3~6cm
중소형
특징 얇고 매끄러우며 말랑말랑하다.
분포 온대 지역, 열대 지역
구분 분해균

자낭균문

자낭균은 자낭에서 포자를 만드는 무리이다. 자낭은 포자를 담고 있는 주머니라는 뜻이다. 생김새가 특이한 마귀곰보버섯, 긴대안장버섯, 들주발버섯을 비롯해 곤충 몸에서 자라는 동충하초 무리가 자낭균이다.

오디균핵버섯 *Ciboria shiraiana* (Henn.) Whetzel

균핵꼬리버섯
Scleromitrula shiraiana (Henn.) S. Imai
머리는 곤봉 모양이고 도드라진 세로줄이 여러 개 있다. 오디균핵버섯보다 키가 크다.

가느다란 대 끝에 위가 터진 동그란 갓이 달려 있는 모습이 서양 술잔을 닮았다고 오디양주잔버섯이라고도 한다. 뽕나무 꽃이나 어린 열매에 포자가 균사를 뻗어 오디균핵병을 일으키면 오디는 여물지 못하고 땅에 떨어져 겨울을 나면서 균사 덩이인 균핵이 된다. 오디 균핵은 검고 올록볼록하며 돌처럼 딱딱한데 반으로 잘라 보면 속은 회백색이고 즙이 많다. 이듬해 봄이 되면 균핵에서 자실체가 뻗어 나오는데 균핵 하나에 한 개 또는 두세 개가 난다. 때로 균핵꼬리버섯이 함께 나기도 한다.

봄에 뽕나무나 산뽕나무 암그루 둘레에 떨어져 있거나 땅에 파묻혀 있는 오디에서 난다. 먹거나 약으로 쓸 수 있는지에 대해서는 아직 밝혀지지 않았다.

갓은 어릴 때는 거의 둥글다. 자라면서 위쪽 터진 부분이 차차 넓게 벌어지면서 술잔이나 밥공기 모양이 된다. 오목한 안쪽 면은 갈색이고 매끈하다. 겉면은 칙칙한 갈색인데 가운데로 가면서 조금 더 진해지며 하얀 가루 같은 비늘 조각이 퍼져 있다. 오래되면 가장자리가 톱니처럼 갈라진다. 살은 얇고 고무처럼 질기다.

자실층은 안쪽 면에 고루 퍼져 있다.

대는 가늘고 길다. 위아래 굵기가 같은데 아래가 약간 굵거나 가는 것도 있다. 겉은 갓과 같은 모양이고 색은 조금 연하다. 속은 차 있다.

포자는 긴 타원형이고 겉은 매끈하다. 포자 무늬는 흰색이다.

크기 갓 지름 0.5~1cm, 대 길이 1~2cm
소형
특징 뽕나무 열매인 오디에서 난다.
분포 우리나라, 일본, 중국, 북아메리카
구분 기생균

마귀곰보버섯 *Gyromitra esculenta* (Pers.) Fr.

마귀곰보버섯은 봄부터 이른 여름까지 침엽수 숲 속 땅 위에 난다. 드물게 톱밥 더미 위에서도 자란다. 홀로 나거나 무리 지어 난다. 때로 버섯고리를 만들기도 한다. 우리나라에는 아주 드물게 난다.

독성이 아주 강한 버섯이지만 삶거나 말리면 독이 없어지는 성질이 있다. 맛이 좋아 유럽에서는 오래전부터 어린 버섯을 열처리를 하거나 통조림으로 만들어 고급 요리의 재료로 써 왔다. 핀란드 같은 나라에서는 널리 먹는다. 그러나 사람에 따라 익혀 먹어도 중독되기도 하고 날것을 먹고 목숨을 잃는 일도 일어나서, 최근에는 유럽에서도 독버섯으로 분류하고 있다. 유럽 사람들이 즐겨 먹는 곰보버섯과 생김새가 비슷해서 중독 사고가 많이 일어난다.

머리는 둥글거나 불규칙하게 둥글다. 겉은 매끈하며 울룩불룩하고 뚜렷한 주름이 있어서 마치 사람 뇌처럼 생겼다. 황토색 또는 적갈색에서 차차 거무스름한 갈색이 된다. 살은 희고 속이 비었다.

자실층은 머리 겉면에 고루 퍼져 있다. 대는 뭉툭한 원통형으로 생겼는데 아래로 갈수록 굵어진다. 흰색 또는 살구색이고 세로로 뚜렷하고 울룩불룩한 주름이 있다. 겉에는 솜털 또는 가루 같은 비늘 조각이 붙어 있다. 속은 비어 있는데 동굴같이 생긴 여러 개의 방으로 나눠져 있다. 살은 흰색이며 연해서 쉽게 부스러진다.

포자는 넓은 타원형이고 매끈하다. 포자는 흰색이다.

크기 머리 지름 5~12cm ,대 길이 1~4cm
중형
특징 머리에 울룩불룩한 주름이 있다.
분포 온대 지역
구분 분해균

긴대안장버섯 *Helvella elastica* Bull.

긴대안장버섯은 키가 10cm쯤으로 안장버섯속 가운데서는 키가 큰 편이다. 가늘고 긴 대 위에 말안장처럼 생긴 갓을 지니고 있어 긴대안장버섯이라는 이름이 붙었다. 북녘에서는 가는대말안장버섯이라고 한다.

여름부터 가을까지 숲 속 땅 위나 땅 속에 묻혀 있는 썩은 나무에서 잘 자라며 들, 정원, 낙엽 사이나 이끼 위에서도 난다. 홀로 나거나 무리 지어 난다.

맛이 좋아 먹기도 하지만 배탈 같은 가벼운 중독 증상을 일으키기도 하므로 되도록 먹지 않는 것이 좋다. 민간요법으로 기침이나 가래를 가라앉히는 데 쓰기도 한다. 중국의 《본초도록》에는 몽골에서 사슴이 아플 때 긴대안장버섯을 먹였다는 기록이 있다.

갓은 말안장처럼 생겼는데, 2~3쪽으로 찢어져 있고 아래쪽으로 말리면서 대를 싸고 있다. 윗면은 매끈하고 연한 노란색 또는 황토색을 띤다. 자라면서 약간 울룩불룩해지며 마르면 어두운 갈색이 된다.

자실층은 겉으로 드러난 윗면에 고루 퍼져 있는데, 대부분의 버섯처럼 바람에 포자를 날려 퍼뜨린다. 아랫면은 윗면보다 색이 조금 연하고 마르면 황토색이 된다. 주름살이나 맥이 없고 매끈하다. 살은 얇다.

대는 가늘고 길며 위아래 굵기가 비슷하거나 아래가 약간 굵다. 밑동은 약간 납작하거나 오목한 홈이 있으며 종종 굽어 있다. 겉은 허연색이며 매끈하다. 속은 비어 있다.

포자는 넓은 타원형이고 매끈하다. 포자 무늬는 흰색이다.

크기 갓 지름 2~4cm, 대 길이 4~8cm
소형
특징 갓 윗면에 자실층이 있다.
분포 우리나라, 일본, 중국, 유럽, 북아메리카
구분 분해균

곰보버섯 *Morchella esculenta* (L.) Pers.

머리에 구멍이 움푹움푹 패어 있는 모습이 곰보 같다고 곰보버섯이라는 이름이 붙었다. 북녘에서는 구멍이 숭숭 나 있다고 숭숭갓버섯이라고 한다.

봄에 벚나무, 물푸레나무 같은 활엽수가 자라는 숲 속 땅 위나 거름기가 많은 밭, 길가에 홀로 나거나 무리 지어 난다. 자라는 속도가 느려 땅 위로 돋아나서 약 20일 동안 천천히 자란다.

먹는 버섯이지만 어린 버섯에는 독성분이 있어서 날것을 먹거나 술과 함께 먹으면 중독될 수 있다. 우리나라나 일본에서는 잘 먹지 않지만 유럽이나 미국에서는 즐겨 먹는 버섯이다. 프랑스에서는 말리거나 가루로 내어 고급 음식 재료로 쓴다.

머리는 알이나 원뿔 모양이고 대를 반 넘게 덮고 있다. 황토색이나 황갈색이고 겉은 그물눈 모양이다. 그물눈 가운데 부분은 구멍처럼 깊고 뚜렷하게 패어 있어 벌집 같다. 구멍 안쪽은 연한 황토색이나 회갈색이며 자실층이 고루 펴져 있다. 살은 흰색 또는 황토색이며 물러서 부스러지기 쉽다.

대는 원통형으로 밑동이 약간 굵다. 흰색이고 자라면서 황갈색 얼룩이 생긴다. 겉은 매끄럽고 희미하게 세로 주름이 있으며 울룩불룩하다. 때로 자잘한 비늘 조각이 붙어 있기도 하지만 쉽게 떨어져 나간다. 속은 비어 있다.

포자는 타원형이고 매끈하다. 포자 무늬는 흰색이다.

크기 머리 2~6×2~4cm, 대 길이 4~11cm
소형
특징 머리에 움푹움푹 파인 구멍이 있다.
분포 우리나라, 일본, 중국, 북아메리카
구분 공생균

들주발버섯 *Aleuria aurantia* (Pers.) Fuckel

들주발버섯은 여름부터 가을까지 숲 속 길가에 무리 지어 난다. 다른 버섯과 달리 거름기가 있는 땅보다는 파헤쳐진 모래땅이나 풀이 없는 메마른 땅에서 잘 자란다. 흔한 버섯으로 밝은 주홍빛 색깔이 아름다워 눈에 잘 띈다.

먹을 수 있는 버섯이지만 날것을 먹으면 중독될 수 있으니 반드시 익혀 먹어야 한다. 우리나라에서는 잘 먹지 않지만 프랑스에서는 샐러드에 넣어 색을 내거나 설탕을 묻혀 먹기도 한다.

자실체는 어릴 때는 가장자리가 안쪽으로 말려 있어 주발처럼 오목하게 생겼다. 자라면서 넓게 벌어져 접시 모양이 된다. 가장자리가 점점 더 넓게 펴지면 물결치듯 구불구불해지기도 한다. 여러 개가 모여 나기 때문에 찌그러진 모양이 많다. 안쪽 면은 밝은 주황색 또는 주홍색이고 매끈하나 반들거리지는 않는다. 바깥 면은 안쪽과 같거나 조금 연한 색이고 하얀 가루 같은 짧고 가는 털로 덮여 있다. 살은 얇고 물러서 쉽게 부스러진다.

자실층은 안쪽 면에 고루 퍼져 있다. 현미경으로 살펴보면 기다란 포자주머니*가 성냥을 빈틈없이 세워 놓은 것처럼 세로로 빼곡하게 늘어서 있다.

대는 없고 버섯 밑동에서 하얀 균사 뭉치가 뿌리처럼 뻗어 땅에 붙어 있다.

포자는 넓은 타원형이며 뚜렷한 그물무늬가 있다. 포자 무늬는 흰색이다.

* 자낭 ascus이라고도 한다.

크기 자실체 지름 2~6cm
중소형
특징 메마른 땅에서 잘 자라며 고운 주홍색이다.
분포 우리나라, 일본, 중국, 유럽, 북아메리카
구분 분해균

털작은입술잔버섯

Microstoma floccosum (Schwein.) Raitv.

털작은입술잔버섯은 술잔버섯속에 있었으나, 새 분류에서 작은입술잔버섯속으로 바뀌었다. 붉은색 갓과 새하얀 대로 이루어져 있는 모습이 서양 술잔을 닮았다. 갓 크기가 1cm도 안 될 만큼 아주 작은 버섯으로 길고 하얀 털이 온몸을 덮고 있어 털작은입술잔버섯이라는 이름이 붙었다.

늦은 봄부터 여름까지 습기가 많은 깊은 숲 속의 죽은 활엽수 줄기, 흙에 반쯤 묻혀 있는 떨어진 나뭇가지나 낙엽 위에 무리 지어 난다. 때로 이끼 위에 나기도 한다. 제주도 용암 지역에서는 땅속에서 열과 습기가 올라오기 때문에 한겨울에도 잘 피어난다.

자실체는 어릴 때는 작은 공처럼 동그랗게 생겼다. 자라면서 꼭대기에 나 있는 작은 구멍이 점점 넓게 벌어져 술잔 모양 또는 깔때기 모양이 된다.

갓은 지름과 깊이가 0.5~1cm이고 세로로 약간 길며 붉은색이다. 안쪽 면은 매끄럽고 진한 붉은색이고 겉면과 가장자리에는 빳빳하고 긴 하얀 털이 빽빽하게 나 있다. 갓은 시간이 지나면서 붉은색이 점점 연해져 연한 살구색 또는 연한 노란색이 된다. 살은 얇고 붉은색이다.

자실층은 갓 안쪽 면에 고루 퍼져 있다.

대는 가늘고 길다. 흰색이며 겉에는 길고 하얀 털이 밑동까지 덮고 있다.

포자는 긴 타원형이고 매끈하다. 포자 무늬는 흰색이다.

크기 자실체 지름 0.5~1cm, 대 길이 1~3cm
소형
특징 희고 긴 털이 자실체를 덮고 있다.
분포 우리나라, 일본, 북아메리카 동부
구분 분해균

동충하초 *Cordyceps militaris* (L.) Link

동충하초는 나비나 나방의 번데기에서 난다. 그래서 번데기동충하초라고도 부른다. 북녘에서는 번데기버섯이라고 한다. 동충하초 무리 가운데 가장 대표적인 버섯이다.

여름부터 가을까지 물이 잘 빠지는 부드러운 땅속, 푹신푹신하게 썩은 나무 속, 낙엽이 쌓인 곳에서 볼 수 있다. 균사를 번데기 몸속에 뻗어 양분을 얻으며 자라다가 번데기 몸속에 균사가 가득 차게 되면 자실체가 몸 밖으로 나와 땅이나 나무를 뚫고 나온다. 자실체는 번데기의 머리나 배 부분에서 한 개 또는 여러 개가 뭉쳐나는데, 때로 애벌레에서 나기도 한다.

날것을 먹기도 하고 약으로도 쓴다. 수많은 동충하초 무리 가운데 암세포를 죽이고 면역력을 높이는 코디세핀cordycepin 성분이 가장 많이 들어 있다는 것이 밝혀졌다. 빈혈, 폐결핵, 당뇨, 천식에 걸렸을 때나 몸이 피로할 때 먹으면 좋다고 한다. 중국의 덩샤오핑이 동충하초를 먹고 오래 살았다는 사실이 알려지면서 찾는 사람이 많아졌다. 인공 재배도 많이 한다.

머리는 야구 방망이처럼 생겼는데 끝은 약간 뾰족하다. 주황색이고 겉에는 수많은 작은 알갱이가 촘촘하게 박혀 있다. 이 알갱이는 자낭각이라 하는데 그 속에서 포자를 만든다. 자낭각은 겉으로 반쯤 드러나 있고 끝은 포자를 내보낼 수 있게 열려 있다.

대는 머리보다 가늘다. 색은 머리와 같지만 조금 연하다. 머리와 대가 뚜렷하게 구별되어 있지 않다.

포자는 긴 실북 모양이고 흰색이다.

크기 머리 0.2~0.6×1~4cm, 대 길이 1~5cm
소형
특징 우리나라, 중국에서 약용으로 쓴다.
분포 전 세계
구분 기생균

나방꽃동충하초 *Isaria japonica* Yasuda

다른 동충하초와는 달리 자실체가 여럿 모여 난다. 나뭇가지나 산호처럼 생겼는데, 그 끝에 새하얀 포자를 덮어쓰고 한데 어울려 있는 모습이 마치 나뭇가지에 눈꽃이 핀 것 같아 눈꽃동충하초라고도 한다.

땅속에 있는 썩은 나무 속이나 낙엽 아래에 묻혀 있는 곤충의 번데기 또는 애벌레 속에 균사를 뻗어 단백질을 얻으며 자란다. 1년이나 때로는 여러 해 동안 곤충 몸속에서 균사 덩어리를 만들고, 자라기 좋은 환경이 되었을 때 곤충 몸 밖으로 자실체를 뻗어 낸다.

자실체는 온도가 높고 습기가 많은 여름 장마철 무렵부터 나기 시작해서 가을까지 자란다. 활엽수 숲 속 낙엽이 두껍게 쌓인 곳이나 이끼 사이에서 흔히 볼 수 있는데, 땅 위에는 1~4cm밖에 드러나지 않는 작은 버섯이지만 특이한 생김새 때문에 눈에 쉽게 띈다.

약용 버섯으로 면역력을 높여 주며 항암 성분이 있다. 요즈음은 약재로 쓰기 위해 인공 재배도 한다.

자실체는 대와 머리 부분으로 이루어져 있다. 대는 매끈하며 조금 붉은빛을 띤 연한 노란색이다. 대는 쭉 뻗다가 중간쯤부터 여러 번 가지가 나뉘고, 그 가지 끝에 있는 머리 부분에는 밀가루 같은 하얀 포자가 덮여 있다. 포자는 자낭에서 만들어진 것이 아니라 균사가 세포 분열을 하여 만들어진 분생포자이다. 흔들리거나 바람이 불면 쉽게 날려 포자를 퍼뜨린다.

포자는 긴 타원형이고 흰색이다.

크기 자실체 높이 2~8cm, 소형
특징 포자는 분생 포자이다.
분포 우리나라, 일본, 네팔
구분 기생균

벌포식동충하초

Ophiocordyceps sphecocephala (Klotzsch ex Berk.) G.H. Sung, J.M. Sung, Hywel-Jones & Spatafora

벌포식동충하초는 낙엽이나 땅속에 묻혀 있는 죽은 벌의 몸에서 자란다. 북녘에서는 벌버섯이라고 한다. 동충하초과 동충하초속에 있을 때는 벌동충하초라고 불렀으나, 새 분류에서 잠자리동충하초과 포식동충하초속으로 되면서 이름도 벌포식동충하초로 바뀌었다.

여름과 이른 가을에 벌의 머리나 가슴 부분에서 자실체 한 개가 나는데 드물게 두세 개가 뭉쳐서 나기도 한다. 벌의 몸은 딱딱한 껍질에 싸여 있는데, 포자는 효소를 내뿜어 딱딱한 껍질을 녹이고 벌 몸속으로 파고든다. 벌 몸속에서 단백질을 얻으면서 균사를 뻗어 가다가 몸이 균사 덩어리로 가득 차게 되면 자실체를 만들어 몸 밖으로 뻗어 나온다. 자실체는 다 자라 포자를 퍼뜨리고 나면 썩어 없어진다. 때로 파리 몸에서도 자란다.

자실체는 머리와 대로 이루어져 있지만 경계가 뚜렷하지 않다. 머리와 대 굵기가 0.1~0.2cm이고 전체 길이는 긴 것은 10cm에 이르러 마치 가느다란 실처럼 생겼다.

머리는 연한 주황색 또는 노란색이다. 가느다란 둥근 막대 모양이며 꼭대기는 둥그스름하다. 겉에는 아주 작은 자낭각이 촘촘하게 퍼져 있는데, 비스듬하게 깊이 박혀 있어 두드러지지 않는다.

대는 실처럼 가늘고 아주 길며 구불구불하다. 겉은 매끄럽고 가죽처럼 질기다. 색은 갓과 같지만 조금 연하다.

포자는 긴 타원형이고 흰색이다.

크기 머리 0.1~0.2×0.6~1cm, 대 길이 3~9cm
소형
특징 자실체는 실처럼 가늘고 길다.
분포 전 세계
구분 기생균

큰매미포식동충하초

Cordyceps heteropoda Kobayasi

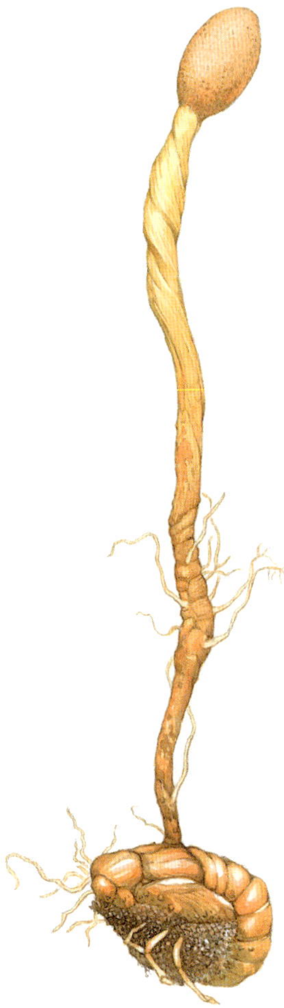

큰매미포식동충하초는 매미의 몸에 붙어 자란다. 그래서 큰매미동충하초 또는 큰매미기생동충하초라고도 한다. 매미 몸은 키틴질로 된 단단한 껍질에 싸여 있는데, 포자가 효소를 내뿜어 껍질을 녹이고 몸속으로 균사를 뻗어 들어간다. 몸속에 균사가 가득 차면 몸 밖으로 자실체를 피워 낸다.

봄부터 여름까지 숲 속이나 들판에 사는 유지매미, 깽깽매미, 참매미의 몸이나 땅속에 묻혀 있는 죽은 매미의 몸에서 난다. 흔히 머리 쪽에서 한 개가 나는데 때로 두세 개가 나기도 한다. 자실체는 10~12cm로 길지만 매미가 땅속에 깊이 묻혀 있어 땅 위에는 반쯤만 드러난다.

면역력을 키워 주는 성분이 있어 흔히 약으로 쓰며 술에 넣어 먹기도 한다. 부작용이 거의 없는 방충제 성분을 지니고 있어 프랑스에서는 환경 오염을 줄일 수 있는 친환경 생물 농약으로 개발하고 있다고 한다.

자실체는 가늘고 긴 대 위에 둥그스름한 머리가 달려 있어 면봉처럼 생겼다.

머리는 둥그스름하고 연한 갈색 또는 황갈색이다. 겉에는 곡식 알갱이처럼 생긴 자낭각이 촘촘하게 박혀 있지만 완전히 묻혀 있어 도드라지지 않고 작은 점이 찍혀 있는 것처럼 보인다. 살은 흰색이고 단단하다.

대는 길고 가늘다. 땅속에 묻힌 부분은 훨씬 가는데, 돌이나 나뭇가지를 피해 땅 위로 올라오느라 구불구불하고 거칠다. 흰색 또는 미색으로 머리와 뚜렷이 구별된다.

포자는 타원형이다.

크기 머리 0.7~0.9×2cm, 대 길이 8~10cm
소형
특징 머리는 둥그스름하고 붉은 갈색이다.
분포 우리나라, 일본, 중국, 동남아시아
구분 기생균

더 알아보기

버섯의 역사

버섯이란 무엇일까?

자실체와 균사체

버섯의 한살이

담자균과 자낭균

포자

자실층

분해균과 기생균, 공생균

독버섯

남녘과 북녘 버섯 이름 비교

우리 이름 찾아보기

학명 찾아보기

참고 자료

버섯의 역사

버섯의 역사는 인류가 태어나기 전으로 거슬러 올라갈 만큼 아주 오래되었다. 충남 공주에서 1억 3천만 년 전쯤의 것으로 보이는 버섯 화석이 발견된 것으로 미루어 알 수 있다. 버섯에 대한 가장 오래된 기록은 기원전 3500년 무렵에 그려진 알제리 타실리나제르 고원 동굴 벽화 타실리Tassili 상이다. 몸에 버섯 장식을 두르고 손에는 커다란 버섯을 여러 개 들고 있는 제사장의 모습은 버섯이 종교 의식에 쓰였음을 보여 준다.

고대 사람들은 나타났다가도 금방 사라져 버리는 버섯을 신비한 존재로 여겼다. 그래서 버섯을 몸에 지니거나 먹으면 신과 영적으로 통할 수 있다고 믿었다. 고대 마야족은 버섯이 땅을 기름지게 하는 땅의 음식이라고 여겨 신으로 모시기도 했고, 가뭄이 심하면 버섯 모양 돌을 밀밭에 세우고 기우제를 지내기도 했다. 이처럼 종교 의식이나 주술 행위에 널리 썼을 뿐만 아니라, 술 대신 환각 성분이 든 독버섯을 먹고 미친 듯이 날뛰며 축제를 벌이기도 했다.

중세에 들어서면서 버섯은 귀한 약재로 쓰이기 시작했고, 근대로 들어오면서 중요한 먹을거리로 주목받기 시작했다.

우리나라에는 고려 시대 김부식이 쓴 《삼국사기》에 신라 성덕왕 때 지방에서 나는 버섯들을 나라에 바쳤다는 기록이 있고, 조선 시대의 지리서 《동국여지승람》에는 버섯을 식용과 약용으로 나누고 버섯이 나는 곳까지 자세히 기록되어 있다. 허준이 쓴 《동의보감》에는 표고, 송이, 불로초, 동충하초, 목이 들을 약으로 쓰는 법이 적혀 있다. 이것을 보면 우리 조상들도 일찍부터 버섯을 먹을거리뿐만 아니라 약으로도 널리 써 왔다는 것을 알 수 있다.

버섯 재배

먹을거리가 부족했던 옛날에는 산과 들에서 그냥 얻을 수 있는 버섯이 중요한 먹을거리였다. 그러나 함부로 따서 먹다 보니 독버섯을 잘못 먹고 탈이 나거나 목숨을 잃기도 했다. 그래서 사람들은 안심하고 먹을 수 있는 버섯을 가까운 곳에서 길러서 먹을 수 있는 방법이 없을까 궁리하게 되었다.

버섯은 곰팡이와 같은 균류이기 때문에 재배하는 데 어려움이 많았다. 처음에는 참나무를 잘라서 산에 쌓아 두거나, 말똥을 동굴에 쌓아 놓고 포자가 저절로 달라붙어 균사가 퍼지도록 했다. 그러나 이 방법으로는 한꺼번에 많은 양의 버섯을 기를 수 없었다. 포자를 받아 물에 타서 뿌리는 등 여러 가지 방법을 쓰다가, 19세기에 이르러 비로소 종균을 이용해서 버섯을 재배하는 데 성공했다. 재배 기술은 더욱 발달하여 많은 종류의 버섯을 인공 재배할 수 있게 되어서 지금은 싱싱한 버섯을 언제 어디서나 손쉽게 구할 수 있고, 독버섯에 대한 걱정 없이 마음 놓고 먹을 수 있게 되었다.

우리나라에서는 1935년 일본에서 표고 종균을 들여와 처음으로 버섯을 재배하기 시작했다. 지금은 표고, 느타리, 팽나무버섯(팽이버섯), 만가닥버섯, 잎새버섯, 목이 같은 식용 버섯뿐만 아니라 노루궁뎅이, 동충하초 같은 약용 버섯들도 널리 재배하고 있다. 그러나 아직까지 살아 있는 나무뿌리와 공생하는 송이, 향버섯, 꾀꼬리버섯 같은 버섯들은 재배하지 못하고 있다. 그래서 이런 버섯들은 아주 귀하고 값도 비싸다. 최근 국립산림과학원에서 송이가 자라지 않던 소나무 숲에서 송이를 자라게 하는 데 성공했다고 하니 공생 버섯을 재배할 날도 머지않은 듯하다.

버섯이란 무엇일까?

버섯은 식물일까, 동물일까? 아직도 버섯을 식물로 알고 있는 사람이 많다. 그러나 살아가는 방식이나 양분을 섭취하는 방법, 세포를 구성하는 물질 들이 식물과는 달라 생물학에서는 버섯을 식물도 아니고 동물도 아닌 제3의 생물인 균류로 분류한다. 이 무리는 곰팡이류라고도 하는데, 포자를 만들어 자손을 퍼뜨리는 작은 생물이다.

지구에는 10만 종이 넘는 균류가 살고 있는데 그 가운데 6만 종쯤이 밝혀져 있다. 된장이나 치즈를 만드는 곰팡이, 빵이나 술을 만드는 효모도 균류에 들어간다. 균사에서 바로 포자를 만들어 번식하는 다른 균류와 달리, 버섯은 눈으로 알아볼 수 있을 만한 크기의 자실체를 따로 만들고 그 속에서 포자를 만들어 번식한다. 균류 가운데서 가장 진화된 것이 바로 버섯인 것이다.

생태계는 크게 식물, 동물, 균류로 이루어져 있는데, 버섯은 균류 가운데 하나이다. 생태계에서 식물은 엽록소를 지니고 있어서 광합성을 하여 스스로 양분을 만들어 내는 생산자이다. 동물은 식물이나 다른 동물들을 먹고 살아가는 소비자이다. 균류는 죽은 동식물의 몸, 낙엽, 배설물 들을 썩히거나, 살아 있는 동식물에 붙어살면서 양분을 얻고, 남은 찌꺼기는 잘게 부수어 물, 이산화탄소, 암모니아 들로 만들어 땅과 공기 속으로 돌려보낸다. 이처럼 균류는 자연이 끊임없이 만들어 내는 유기물 쓰레기들을 분해하여 무기물로 만들어 자연으로 되돌려 보내는 생태계 순환의 고리 역할을 한다. 그래서 균류를 분해자 또는 환원자라고도 부른다.

균류 가운데서도 특히 담자균류 버섯이 그 역할 대부분을 맡고 있다. 만약 버섯이나 균류가 없다면 지구는 동식물이 내놓는 노폐물과 먹이찌꺼기로 가득차게 될 것이다.

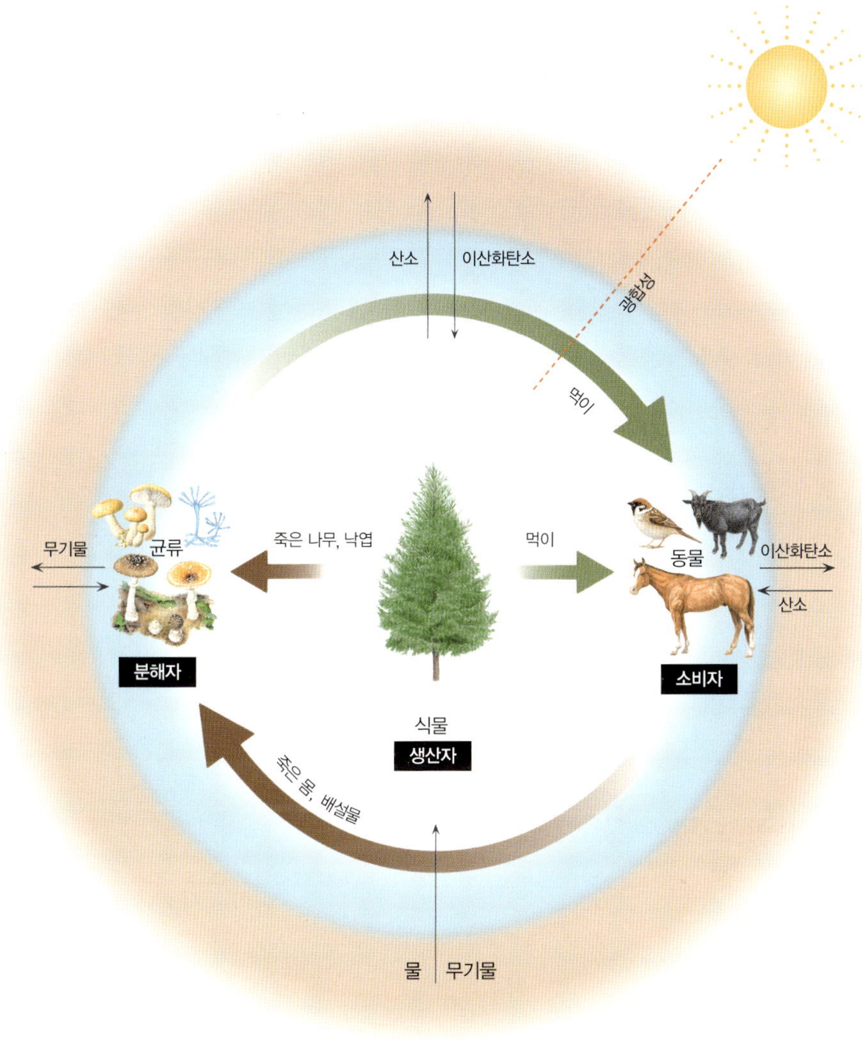
산소
이산화탄소
광합성
먹이
무기물
균류
죽은 나무, 낙엽
먹이
동물
이산화탄소
산소
분해자
소비자
식물
생산자
죽은 몸, 배설물
물
무기물

| 생태계의 순환 |

자실체와 균사체

버섯이라고 하면 흔히 기다란 대 위에 둥글넓적한 갓을 지니고 있는 모습을 떠올린다. 그러나 이처럼 땅 위에 드러나 우리 눈에 보이는 것은 정확하게 구분하자면 버섯 몸의 한 부분인 자실체이다. 대 밑동을 살펴보면 하얀 실 같은 것이 붙어 있는데 땅속에 묻혀 있어서 버섯 뿌리라고 여기기 쉽지만 바로 이것이 버섯의 진짜 몸인 균사체인 것이다.

균사체는 가늘고 긴 실처럼 생긴 균사로 이루어져 있어 거의 사람 눈에 띄지 않는다. 이 균사가 뻗어 자라서 균사 덩어리를 이룬 것이 균사체이다. 균사체는 식물

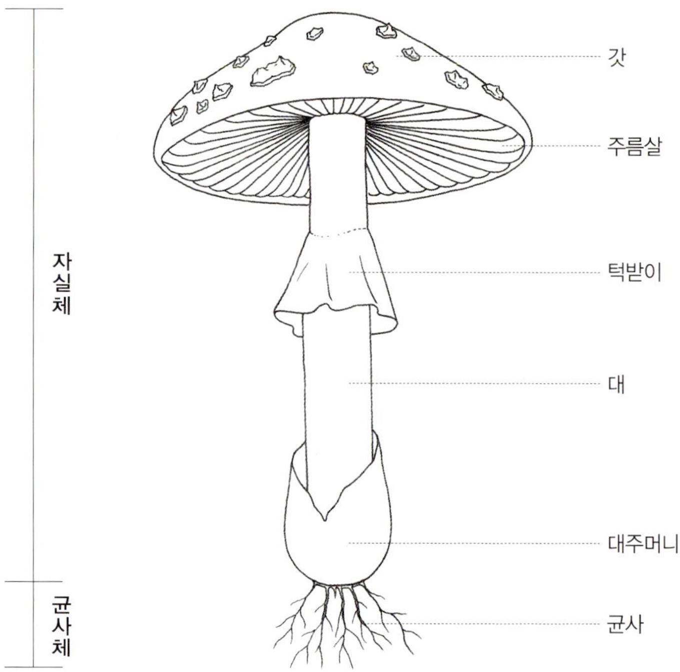

| 버섯 구조 |

의 뿌리, 줄기, 잎에 해당하는 부분으로 균사를 뻗어 양분을 얻으며 자라다가 알맞은 온도와 습도를 만나면 죽은 나무 몸 밖이나 땅 위로 자실체를 만들어 내보낸다.

자실체는 자손을 퍼뜨리기 위해 포자를 만드는 일을 하는, 식물로 치면 꽃과 열매에 해당하는 부분이다. 자실체는 크게 갓, 자실층, 턱받이, 대, 대주머니로 이루어져 있다. 흔히 광대버섯류가 이 다섯 가지를 잘 갖추고 있다. 그 밖에 갓, 자실층, 대만 갖춘 것이나 갓과 자실층만 갖춘 것 들이 있다.

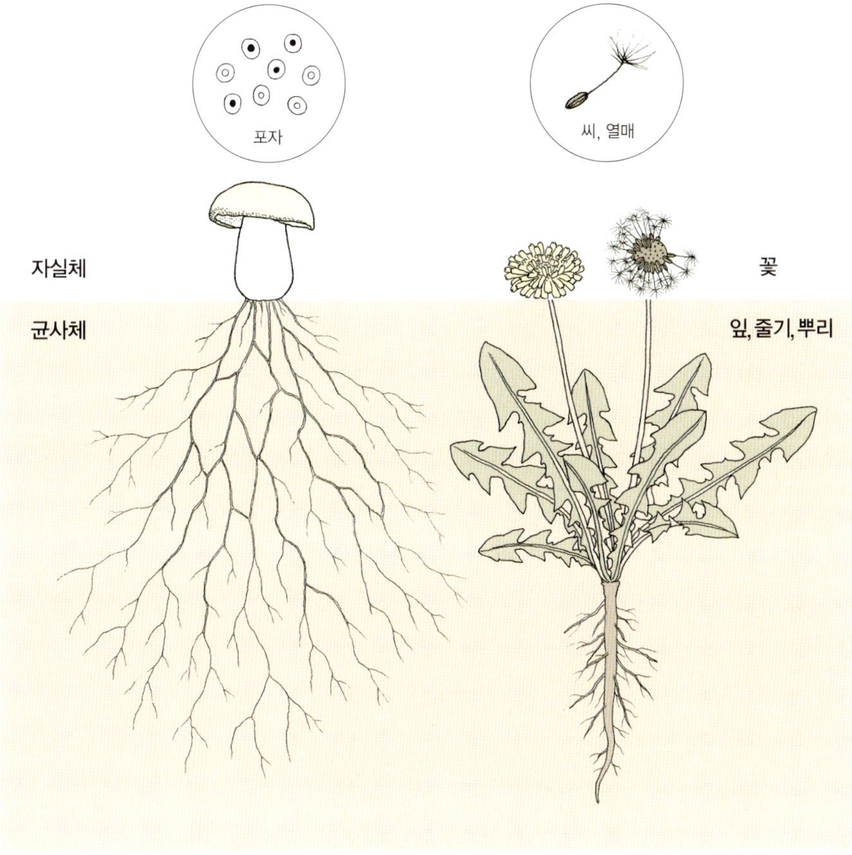

| 버섯과 식물 비교 |

버섯의 한살이

식물이 씨앗을 만들고 동물이 새끼를 낳아 자손을 퍼뜨리는 것처럼 버섯은 포자를 만들어 자손을 퍼뜨린다. 포자는 눈에 보이지 않을 정도로 작아서 현미경을 써야 볼 수 있는데, 아주 가벼워서 약한 공기의 흐름이나 바람을 타고 가까이 또는 멀리 퍼져 간다.

버섯 하나에서 만들어지는 포자는 수십억에서 수백억, 때로는 수천억 개가 넘는다. 보통 하루에 30억 개가 넘는 포자가 떨어지는데, 포자가 다 떨어지는 데 6개월이 걸리는 버섯도 있다. 이 수많은 포자 가운데 싹이 터서 균사체가 되고, 자실체를 피워 내어 버섯으로 자라게 되는 것은 겨우 10개 남짓 밖에 되지 않는다고 한다. 그러니 우리가 숲에서 보는 버섯들이야말로 참으로 소중한 생명체인 것이다.

자실체는 자라면서 자실층에 있는 담자기나 자낭에서 포자를 만든다. 포자가 다 익으면 공기 속으로 퍼져 나가 다시 땅속으로 스며들고, 적당한 온도와 습기를 만나면 싹을 틔운다. 포자는 암수로 나누어져 있는데, 땅속에서 양분을 먹고 자라 가느다란 실 모양의 균사가 된다. 이 균사를 1차 균사라고 하는데 포자와 마찬가지로 암수가 나뉘어 있다. 암수 균사는 자라 서로 합쳐져 온전한 균사가 되는데 이것을 2차 균사라고 한다. 2차 균사는 여러 갈래로 가지 치기를 하면서 자라 서로 뭉쳐 균사체를 이룬다. 균사체는 우산살 모양으로 넓게 뻗어 나가며 양분을 빨아들이면서 자라다가 적당한 온도와 습도를 만나면 나무의 몸 밖이나 땅 위로 자실체를 만들어 내보낸다. 어린 자실체는 자라서 포자를 만들고 다시 포자를 퍼뜨리고 나면 바로 시들어 버린다.

이렇게 버섯은 포자에서 균사체로, 균사체에서 자실체로, 자실체는 다시 포자를 만들어 퍼뜨리기를 거듭하면서 번식해 나간다.

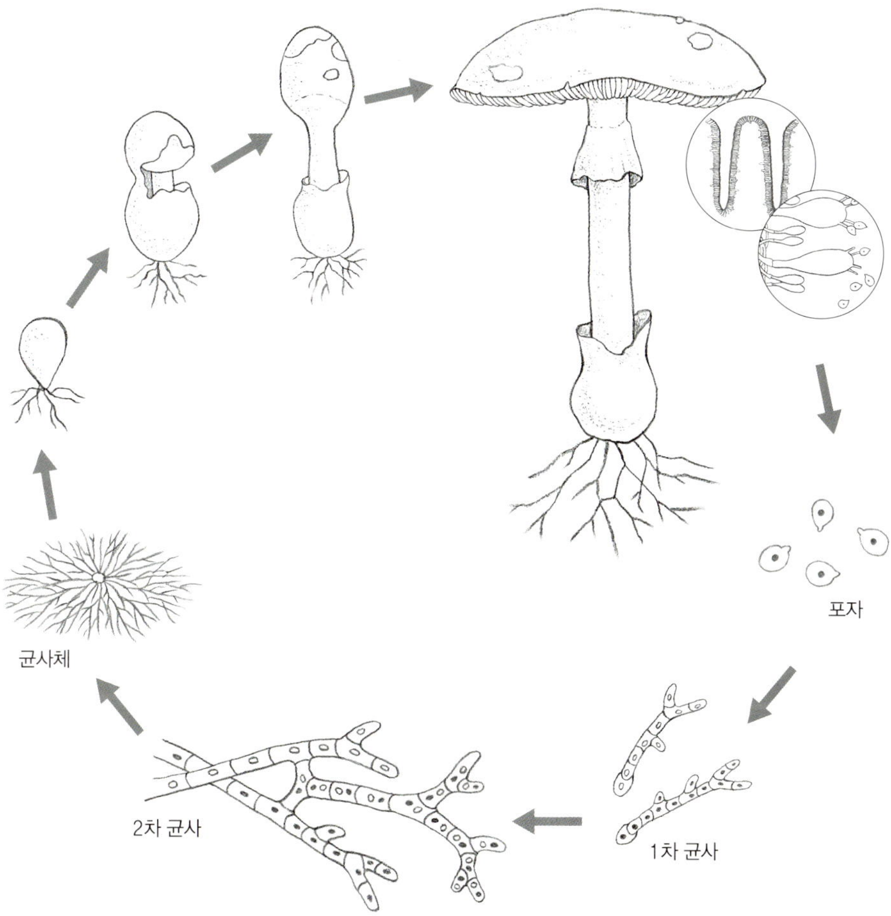

| 버섯의 한살이 |

담자균과 자낭균

버섯은 포자로 퍼져 가는데 포자를 만드는 방법에 따라 크게 담자균류와 자낭균류로 나눈다.

담자균은 담자기에서 포자를 만드는 무리이다. 담자기란 포자를 메고 있는 그릇이라는 뜻인데, 이름처럼 위쪽 끝에 포자를 달고 있다. 보통 담자기 하나에 포자 네 개가 만들어진다. 송이, 표고, 느타리를 비롯해 우리가 흔히 버섯이라고 부르는 대부분의 버섯들이 이 담자균류에 들어 있다.

자낭균은 자낭에서 포자를 만드는 무리이다. 자낭은 포자를 담고 있는 주머니라는 뜻인데 이 자낭 안에서 포자 여덟 개가 만들어진다. 자낭균류 버섯들은 주발이나 안장, 벌집, 방망이 모양처럼 특이하게 생긴 것이 많다. 곤충 몸이나 번데기에 기생하는 동충하초도 자낭균류이다. 동충하초는 머리 부분에 박혀 있는 자낭각이라고 하는 단단한 껍질 속에 여러 개의 자낭이 들어 있다.

담자기와 자낭은 자실층에 고루 퍼져 있는데 버섯 생김새가 다양한 만큼 자실층 모양도 가지각색이고, 담자기와 자낭이 퍼져 있는 곳도 저마다 다르다.

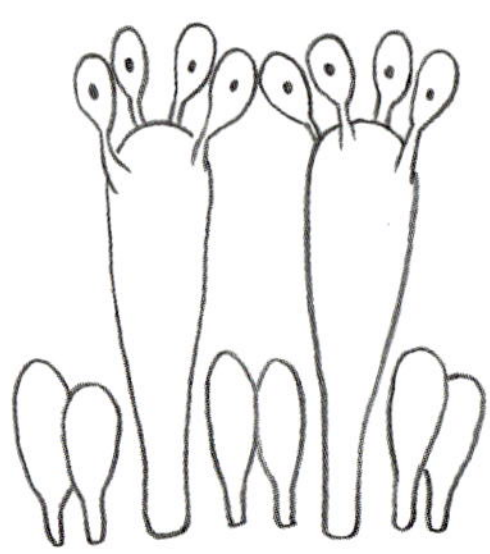

담자기

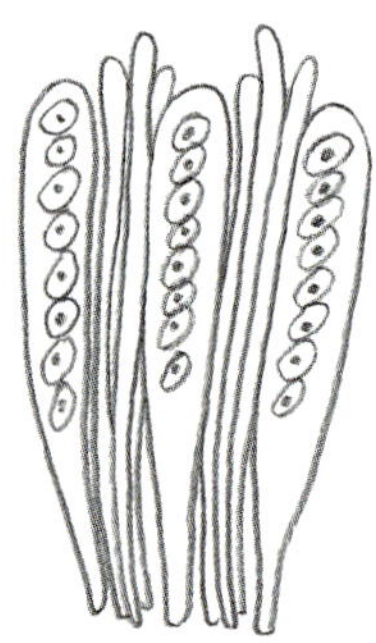

자낭

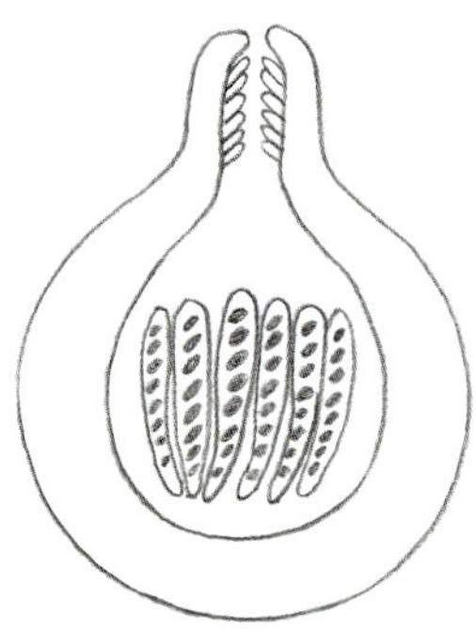

자낭각

담자균류에 들어 있는 대부분의 버섯들은 갓 아랫면에 물고기 아가미처럼 생긴 주름살이나 관공 모양의 자실층이 있는데, 주름살은 판 겉면에, 관공은 구멍 안쪽 면에 담자기가 펴져 있다. 노루궁뎅이나 침버섯처럼 자실층이 침이나 긴 돌기 모양인 것은 돌기 겉면에 담자기가 펴져 있다. 싸리버섯은 가지 끝 겉면에, 국수버섯은 자실체 겉면에 담자기가 펴져 있다. 말뚝버섯, 망태말뚝버섯, 오징어새주둥이버섯은 자실체 겉에 있는 점액 속에, 말불버섯이나 말징버섯은 버섯 껍질 안에 들어 있는 살에 담자기가 펴져 있다.

자낭균류 가운데 들주발버섯이나 털작은입술잔버섯처럼 접시나 찻잔 모양으로 생긴 버섯은 오목한 안쪽 면에 자낭이 펴져 있고, 곰보버섯이나 긴대안장버섯은 머리 겉면에 자낭이 펴져 있다.

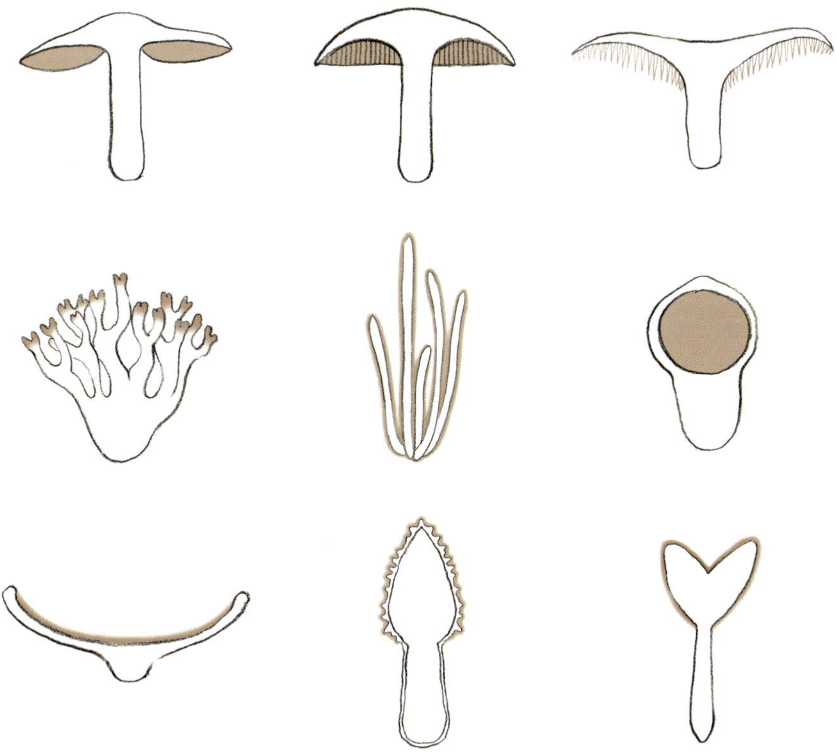

포자

포자를 퍼뜨리는 방법

버섯마다 자실층이 퍼져 있는 곳이 다르고, 자실층이 있는 곳에 따라 포자를 만들고 퍼뜨리는 방법이 다르다. 자실층이 주름살이나 관공 모양인 버섯들뿐만 아니라 들주발버섯, 곰보버섯 같은 자낭균류까지 대부분의 버섯들은 바람에 포자를 퍼뜨린다. 포자들은 눈에 보이지 않을 정도로 아주 작고 가벼워 미세한 공기의 흐름에도 포자를 날려 보낼 수 있다. 자실체 속살에서 포자를 만드는 말불버섯이나 테두리방귀버섯은 꼭대기에 난 구멍으로 포자를 뿜어낸다. 끈끈한 액체 속에서 포자를 만드는 오징어새주둥이버섯이나 말뚝버섯은 고약한 냄새로 벌레를 꾀어 들여 벌레 몸에 포자를 묻혀 퍼뜨린다. 좀주름찻잔버섯은 포자가 들어 있는 소피자가 빗물에 튕겨 나가 포자를 퍼뜨린다. 먹물버섯은 자실층이 먹물처럼 녹아내려 포자를 퍼뜨린다. 그 밖에도 화경버섯은 어두운 곳에서 빛을 내어 벌레를 꾀어 들여 포자를 퍼뜨리고, 먼지버섯은 습도에 따라 겉껍질을 오무렸다 폈다 하면서 포자를 퍼뜨린다.

주름버섯

황금씨그물버섯

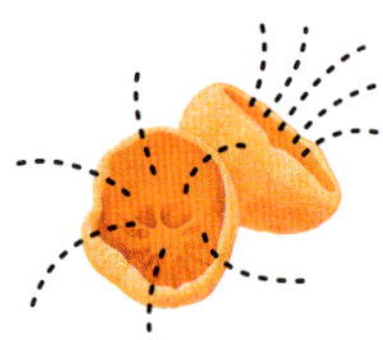
들주발버섯

곰보버섯

말징버섯

테두리방귀버섯

말뚝버섯

오징어새주둥이버섯

좀주름찻잔버섯

먹물버섯

포자 모양

버섯을 정확하게 분류하려면 포자까지 관찰해야 한다.

포자 모양은 아주 다양하지만 여기에서는 크게 둥근 것, 둥그스름한 것(유구형), 타원형, 알 모양(난형), 실북 모양(방추형), 원통형, 굽은 원통형(소시지형), 콩팥 모양(신장형), 사각형(육면체), 다각형 따위로 나누었다.

겉은 매끈하거나 여러 가지 모양의 돌기가 있는 것, 그물 무늬, 줄무늬 들이 도드라져 있거나 패어 있는 것 따위로 나누었다.

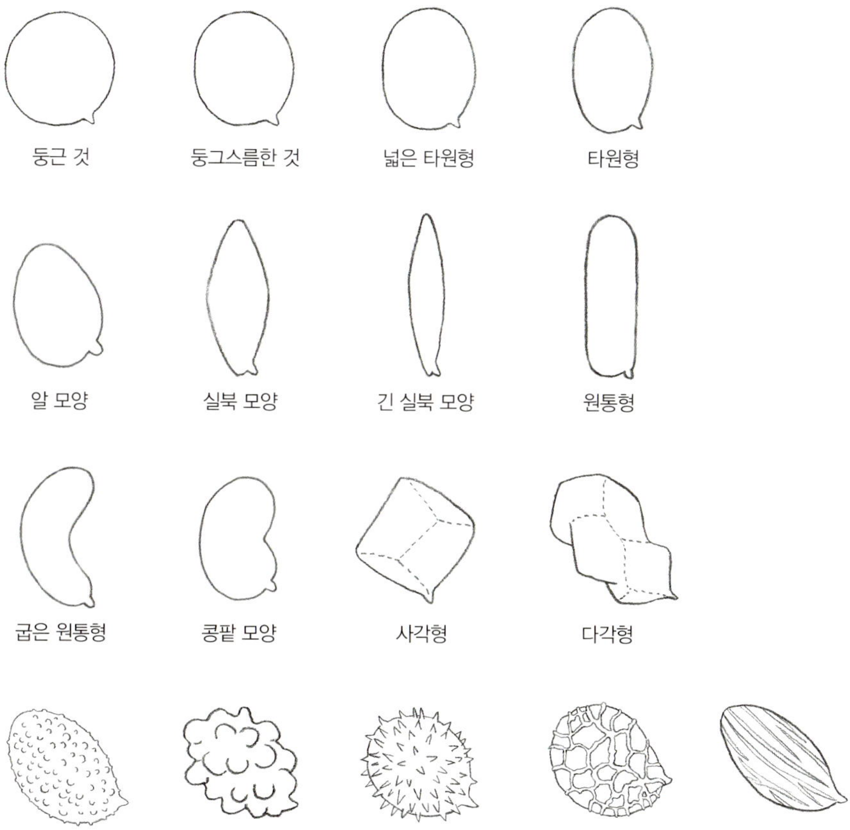

포자 무늬 받기

포자는 저마다 다른 색을 지니고 있다. 하지만 크기가 매우 작고 어떤 것은 투명할 만큼 색이 연해 맨눈으로 알아보기 힘들다. 버섯의 갓을 잘라 종이 위에 엎어 놓으면 수많은 포자가 떨어져 자실층 모양과 색이 나타난다. 포자 무늬는 같은 속이나 과에 들어 있는 버섯끼리 닮아서 버섯 종류를 확인하는 데 도움이 된다. 싱싱한 버섯을 따서 포자 무늬를 받아 보자.

준비물 버섯, 물에 적신 솜뭉치, 칼이나 가위, 흰 종이(포자가 연한 색일 때는 검은색 종이를 쓴다.), 컵

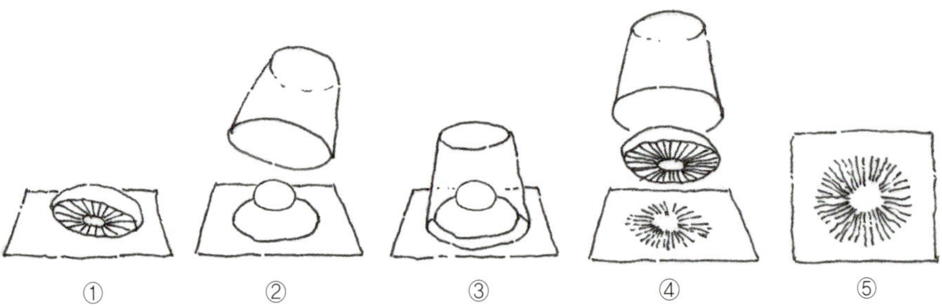

① 대를 0.5cm 쯤 남기고 잘라 낸 다음, 종이 위에 갓을 엎어 놓는다.
② 물에 적신 솜뭉치를 갓 위에 얹어 살짝 눌러 준다.
③ 컵으로 버섯을 덮고 10시간쯤 둔다.
④ 컵을 벗기고 수직 방향으로 조심스럽게 갓을 들어낸다.
⑤ 나타난 포자 무늬를 살펴본다.

자실층

대에 붙은 모양에 따른 구분

자실층이 주름살이나 관공 모양으로 이루어진 버섯은 자실층이 대에 붙은 모양에 따라 흔히 끝붙은형, 내린형, 홈파인형, 완전붙은형, 떨어진형 다섯 가지로 나눈다.

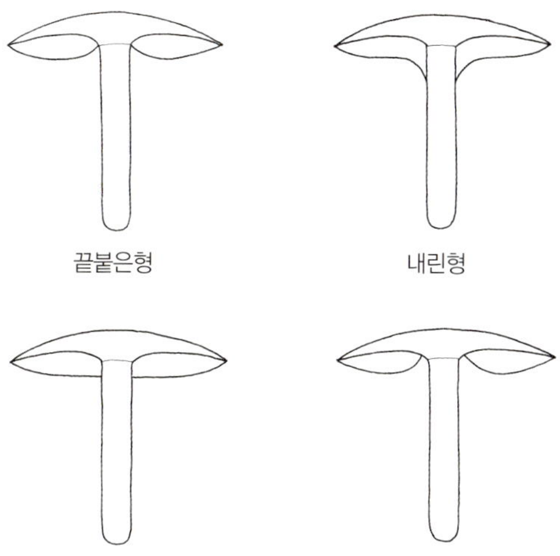

밀도에 따른 구분

주름살이 빽빽하거나 관공이 작을수록 포자를 많이 만들 수 있다. 주름살은 전체 4분의 1에 주름살이 5개 이하이면 '성글다', 5~10개는 '약간 성글다', 11~16개는 '약간 빽빽하다', 16개 이상이면 '빽빽하다'로 나눈다. 관공은 관공 지름이 1mm 이상이면 '크다', 가로세로 1mm 안에 1~2개가 들어가면 '작다', 3개 이상이 들어가면 '아주 작다'로 나눈다.

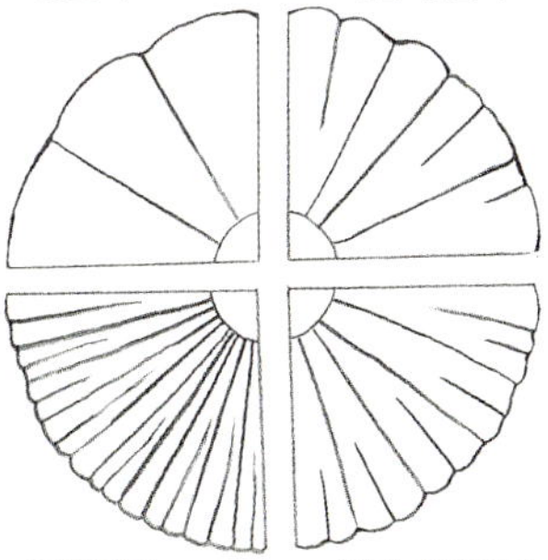

분해균과 기생균, 공생균

버섯은 엽록소를 지니고 있지 않아서 식물처럼 스스로 양분을 만들지 못하고 다른 동식물이 만들어 내는 유기물에서 양분을 얻어 살아간다. 버섯에 따라 나는 곳이 다른 것은 양분을 얻는 방법이 저마다 다르기 때문이다.

버섯은 양분을 얻는 방법에 따라 분해균과 기생균, 그리고 공생균으로 나눈다.

분해균은 죽은 나무의 몸, 떨어진 나뭇가지와 열매, 낙엽, 동물의 똥 들을 썩혀 양분을 얻어 살아간다. 생태계에서 버섯이 하는 가장 큰 역할은 유기물을 분해해서 양분을 얻고, 남은 것은 무기물로 만들어 자연으로 되돌려 주는 것이다. 버섯 가운데서도 분해균이 이 일을 거의 다 한다.

기생균은 뽕나무버섯처럼 살아 있는 나무의 줄기나 뿌리에 균사를 뻗거나 동충하초 무리처럼 활동이 약해진 곤충의 몸이나 번데기 속으로 균사를 뻗어 양분을 빼앗으며 살아간다. 덧부치버섯처럼 다른 버섯의 몸에 붙어 살아가는 것도 있다.

공생균은 나무 둘레 땅 위에 흔히 난다. 살아 있는 나무뿌리 끝에 균근을 만들어 나무와 양분을 주고받으며 살아간다. 그래서 균근균이라고도 한다. 나무뿌리가 닿지 않는 먼 곳까지 균사를 뻗어 물이나 무기물을 빨아들여 나무에게 주고, 나무로부터 양분을 얻는다. 대주머니를 지닌 광대버섯류는 거의가 공생균이다.

독버섯

독버섯과 독성분

사람 몸에 해로운 성분을 지니고 있는 버섯을 흔히 독버섯이라고 한다. 독버섯을 먹고 중독되면 구토, 복통, 호흡 곤란, 경련 들이 일어나고 심하면 혼수상태에 빠지거나 목숨을 잃기도 한다. 그러나 독성분을 지니고 있다고 해서 다 독버섯은 아니다. 우리가 즐겨 먹는 표고, 느타리, 송이 같은 버섯들에도 약한 독성분이 들어 있다. 다만 그 양이 아주 적거나 요리 과정에서 없어지므로 우리 몸에 해를 입히지 않을 뿐이다. 또 어떤 독성분은 암세포를 억제하거나 면역력을 높여 주는 것으로 밝혀져 약재로 쓰기도 한다.

우리나라에는 160종이 넘는 독버섯이 있다. 광대버섯류에 독버섯이 많은데 그 가운데서도 독우산광대버섯, 개나리광대버섯, 비탈광대버섯, 흰알광대버섯은 대표적인 독버섯으로 꼽힌다. 아마톡신amatoxin이라는 아주 강한 독성분을 지니고 있어 한두 개만 먹어도 목숨을 잃을 수 있기 때문이다.

두엄먹물버섯이나 배불뚝이연기버섯에는 술과 함께 먹으면 중독 증상을 일으키는 코프린coprine, 갈황색미치광이버섯이나 말똥버섯류에는 환각 증상을 일으키는 사일로사이빈psilocybin, 마귀광대버섯이나 파리를 잡는 데 쓰는 파리버섯에는 이보텐산ibotenic acid, 땀버섯류에는 무스카린muscarine이라는 독성분이 있다. 그 밖에 위장 장애 따위를 일으키는 독성분들도 있는데, 이런 독성분들은 한 버섯에 여러 가지가 들어 있어 중독 증상이 겹쳐 나타나기도 한다.

독성분 가운데서는 익히거나, 소금에 절이거나, 말려 두었다가 물에 우려내면 없어지는 것도 있다. 그러나 이런 방법으로도 없어지지 않는 독성분도 많으므로 함부로 먹는 것은 위험하다. 또 식용 버섯이라도 야생 버섯은 대부분 약한 독성분을 지니고 있기 때문에 날것을 먹으면 안 되고, 익힌 것이라도 한꺼번에 많이 먹지 않도록 한다.

독우산광대버섯

개나리광대버섯

비탈광대버섯

흰알광대버섯

두엄먹물버섯

배불뚝이연기버섯

갈황색미치광이버섯

검은띠말똥버섯

말똥버섯

마귀광대버섯

파리버섯

솔땀버섯

독버섯과 식용 버섯 구별

민간에 전해 내려오는 여러 가지 독버섯 구별 방법은 대부분 잘못된 정보이기 때문에 믿을 만한 것이 못 된다. 과학적인 근거가 없는 이런 말들을 믿고 섣불리 버섯을 판단하는 것은 아주 위험한 행동이다.

다음은 잘못 알려진 독버섯에 대한 이야기 몇 가지를 정리한 것이다.

1. 독버섯은 갓 빛깔이 빨갛고 화려하다.
   달걀버섯은 빛깔이 화려하지만 식용 버섯이고 삿갓외대버섯, 화경버섯, 두엄먹물버섯은 수수하거나 칙칙하지만 독버섯이다.
2. 독버섯은 살이 세로로 찢어지지 않는다.
   독우산광대버섯, 화경버섯은 세로로 잘 찢어진다.
3. 독버섯은 나쁜 냄새가 나고 식용 버섯은 좋은 향이 난다.
   화경버섯은 독버섯이지만 좋은 향이 나고, 망태말뚝버섯은 나쁜 냄새가 나지만 식용 버섯이다.
4. 벌레나 민달팽이가 먹는 버섯은 독버섯이 아니라서 먹을 수 있다.
   화경버섯, 독우산광대버섯 따위는 벌레나 민달팽이가 잘 먹는다. 이들은 오히려 살이 부드러운 독버섯을 더 좋아한다. 특히 초파리는 독버섯에 몰린다.
5. 버섯 요리에 은수저를 넣었을 때 색이 변하면 독버섯이다.
   알광대버섯같이 유황 성분이 들어 있는 몇몇 독버섯에만 해당될 뿐, 대부분의 독버섯에서는 변하지 않는다.
6. 나무에서 나는 버섯은 먹을 수 있다.
   화경버섯이나 갈황색미치광이버섯 따위는 나무에서 나지만 독버섯이다.

독버섯과 식용 버섯을 구별하려면 우선 생김새를 잘 살펴봐야 한다. 베거나 문질러 봐서 색이 변하는지, 변하면 어떻게 변하는지도 두루 살펴야 한다. 현미경으로 포자 생김새를 살펴보는 것이 가장 정확한 방법이지만 야생 버섯을 채취하는 현장에서는 어려운 일이다. 따라서 야생에서 채취한 버섯은 함부로 먹지 않는 것이 가장 안전하다. 혹시라도 독버섯을 잘못 먹어 중독 증상이 일어나면, 먼저 먹은 것을 게워 내게 한 다음 남은 버섯이나 토한 것을 가지고 빨리 병원에 가야 한다. 독성분에 따라 나타나는 중독 증상과 그에 맞는 치료법이 다르기 때문이다.

독버섯 가운데는 식용 버섯과 생김새가 닮은 것이 많아서 잘못 먹고 중독 사고가 일어나기도 한다. 헷갈리기 쉬운 독버섯과 식용 버섯의 특징을 살펴보자.

독버섯	다른 점	식용 버섯
 광대버섯	광대버섯은 갓 위에 하얀 사마귀점이 붙어 있고 대와 턱받이가 흰색이다. 달걀버섯은 갓 위가 매끈하고 대는 노란색, 턱받이는 주황색이다.	 달걀버섯
 개나리광대버섯	개나리광대버섯은 노란달걀버섯보다 크기가 작고 갓과 대의 노란색이 연한 푸른빛을 띤다. 턱받이가 노란색인 노란달걀버섯과 달리 흰색이다.	 노란달걀버섯
 독흰갈대버섯	독흰갈대버섯은 큰갓버섯보다 크기가 작고 갓 가운데에 커다란 비늘 조각이 붙어 있다. 또 문지르거나 잘라 보면 그 자리가 붉은색으로 변한다.	 큰갓버섯
 두엄먹물버섯	두엄먹물버섯은 갓에 비늘이 없고 매끈하나 먹물버섯은 실 모양의 거칠고 뚜렷한 비늘 조각이 빽빽하게 덮여 있다.	 먹물버섯
 노란개암버섯	노란개암버섯은 연한 노란색이고 자라면서 녹황색을 띤다. 포자가 떨어지면 암갈색 턱받이가 뚜렷하게 나타난다. 침엽수에 난다. 개암버섯은 연한 밤색이고 노란개암버섯보다 대가 굵다. 활엽수에 난다.	 개암버섯

남녘과 북녘 버섯 이름 비교

남녘과 북녘은 똑같이 한글을 쓰고 있음에도 반세기가 넘는 오랜 시간 동안 학문의 교류가 없어 생물 이름을 다르게 부르고 있는 것이 많다. 북녘에는 750여 종의 버섯이 있다고 전해지는데, 불로초를 제외한 모든 버섯 이름에 '버섯'을 붙인다. 남녘에서 부르는 이름과 같이 부르는 버섯도 더러 있지만 대부분 다르고, 기와버섯이나 먹물버섯처럼 남녘에서 부르는 것과 이름은 같지만 전혀 다른 버섯인 경우도 있으니 학명을 보고 확인하는 것이 좋다. 이 책에 나오는 북녘 이름은 《조선말대사전》, 《조선버섯도감》, 《조선포자식물2(균류편2)》, 《조선포자식물3(균류편3)》에서 찾아 넣었다.

남녘	북녘
갈황색미치광이버섯	웃음독벗은갓버섯
갓그물버섯	노란그물버섯, 노란가루그물버섯
개암버섯	밤버섯
검은띠말똥버섯	테두리웃음버섯
검은비늘버섯	기름비늘갓버섯, 기름버섯
고동색광대버섯	밤색학버섯
곰보버섯	숭숭갓버섯
광대버섯	붉은점갓닭알독버섯, 붉은광대버섯
구름송편버섯	기와버섯
국수버섯	흰국수버섯
귀신그물버섯	솔방울그물버섯, 솜방망이그물버섯
기와버섯	풀색무늬갓버섯, 록색반점버섯
긴대안장버섯	가는대말안장버섯
까치버섯	검은춤버섯, 양배추검은버섯
꽃버섯	붉은고깔버섯
꾀꼬리버섯	살구버섯
끈적끈끈이버섯	진득고리버섯
노란개암버섯	쓴밤독버섯
노란길민그물버섯	노란주름버섯
노란꼭지버섯	노란활촉버섯
노란난버섯	노란갓노루버섯
노랑망태버섯	노랑그물갓버섯, 노란투망버섯
노루궁뎅이	고슴도치버섯
느타리	느타리버섯
달걀버섯	닭알버섯
덧부치버섯	덧붙이애기버섯, 밤별버섯
독우산광대버섯	학독버섯
동충하초	번데기버섯
두엄먹물버섯	먹물버섯
들주발버섯	붉은잔버섯
때죽조개껍질버섯	동백나무조개버섯
마귀광대버섯	점갓닭알독버섯
말똥버섯	웃음버섯
말뚝버섯	자라버섯
말불버섯	봉오리먼지버섯
말징버섯	두뇌먼지버섯, 먼지버섯
맑은애주름버섯	색갈이줄갓버섯
망태말뚝버섯	그물갓버섯, 투망버섯

남녘	북녘
먹물버섯	비늘먹물버섯
먼지버섯	별버섯, 땅별버섯
목이	검정버섯, 귀버섯
목질진흙버섯	뽕나무혹버섯
무당버섯	붉은갓버섯
민자주방망이버섯	보라빛무리버섯
배불뚝이연기버섯	검은깔때기버섯
배젖버섯	젖버섯
뱀껍질광대버섯	나도털자루닭알버섯
벌포식동충하초	벌버섯
복령	복령, 솔뿌리혹버섯
불로초	불로초, 만년버섯, 장수버섯
붉은꼭지외대버섯	붉은활촉버섯
붉은싸리버섯	꽃싸리버섯
붉은점박이광대버섯	색갈이닭알버섯
비단그물버섯	진득그물버섯, 진득돋버섯
뽕나무버섯	개암나무버섯, 개암버섯
뽕나무버섯부치	나도개암버섯
삿갓외대버섯	검은활촉버섯
새잣버섯	이깔나무버섯
세발버섯	삼발버섯
소나무잔나비버섯	전나무떡다리버섯
솔버섯	붉은털무리버섯, 붉은털노란주름버섯
싸리버섯	싸리버섯, 큰꽃싸리버섯
애기낙엽버섯	쇠줄락엽버섯
애기밀버섯	나도락엽버섯
오징어새주둥이버섯	낙지버섯
이끼살이버섯	밤색애기배꼽버섯
잎새버섯	춤버섯, 무용버섯
자작나무시루뻔버섯	봇나무혹버섯
자주국수버섯	분홍색국수버섯
자주졸각버섯	보라빛깔때기버섯
잔나비불로초	넙적떡다리버섯

남녘	북녘
적갈색애주름버섯	피빛줄갓버섯, 피빛버섯
절구무당버섯	성긴주름검은갓버섯, 검은거짓젖버섯
젖버섯	흙쓰개젖버섯
젖버섯아재비	붉은물젖버섯
졸각버섯	살색깔때기버섯, 라크색버섯
좀주름찻잔버섯	밭도가니버섯
주름버섯	들버섯
진흙버섯	나무혹버섯
참낭피버섯	주름우산버섯
청머루무당버섯	색갈이갓버섯
층층버섯	소나무혹버섯
큰갓버섯	큰우산버섯, 종이우산버섯
큰낙엽버섯	큰가랑잎버섯
큰마개버섯	나사못버섯
턱받이포도버섯	별가락지버섯
털귀신그물버섯	솔방울그물버섯, 솜방망이그물버섯
테두리방귀버섯	흰땅별버섯, 흰땅밤버섯
표고	표고버섯, 참나무버섯
풀버섯	주머니버섯, 검은주머니버섯
하늘색깔때기버섯	하늘빛깔때기버섯
향버섯	능이버섯
화경버섯	독느타리버섯
황갈색먹물버섯	작은반들먹물버섯
황소비단그물버섯	그물버섯
흰굴뚝버섯	검은가죽버섯
흰목이	흰흐르레기버섯
흰비단털버섯	노란주머니버섯
흰알광대버섯	흰닭알독버섯
흰주름버섯	큰들버섯
흰주름젖버섯	성긴주름젖버섯

우리 이름 찾아보기

다

라

마

바

사

아

자

차

카

타

파

하

* 을 덧붙인 이름은 북녘에서 쓰는 이름입니다.

학명 찾아보기

T

V

W

X

참고 자료

참고한 책

《강원의 버섯》(성재모 · 김양섭 외, 2002, 강원대학교출판부)
《곰팡이와 버섯》(학생과학문고편찬회, 2009, homebook)
《광릉의 버섯》(김현중 · 한상국, 2008, 국립수목원)
《나는 버섯을 겪는다》(조덕현, 2005, 한림미디어)
《몸에 좋은 약용버섯》(장현유 · 이찬, 2008, 푸른행복)
《새로운 한국의 버섯》(박완희 · 이지헌, 2011, 교학사)
《아름다운 버섯나라》(구재필, 2011, 한국야생버섯연구회)
《우리 산야의 독버섯 도감》(석순자 · 김양섭 외, 2011, 푸른행복)
《우리 산야의 자연버섯》(고철순 · 석순자 외, 2011, 푸른행복)
《우리 산에서 만나는 버섯 200가지》(김현중 · 한상국, 2009, 국립수목원)
《월간 버섯》(1998년 4월호~2011년 6월호, 농민저널)
《제주지역의 야생버섯》(고평열 · 김찬수 · 신용만 외, 2009, 국립산림과학원)
《조덕현의 재미있는 독버섯 이야기》(조덕현, 2007, 양문)
《조선말대사전》(사회과학원, 1992, 사회과학출판사)
《조선버섯도감》(윤영범, 1978, 과학백과사전출판사)
《조선포자식물2(균류편2)》(윤영범 · 현운형, 1989, 과학백과사전종합출판사)
《조선포자식물3(균류편3)》(윤영범 · 현운형, 1990, 과학백과사전종합출판사)
《한국동식물도감 제28권》(이지열 외, 1985, 문교부)
《한국약용버섯도감》(박완희 · 이호득, 2009, 교학사)
《한국의 동충하초》(성재모, 1996, 교학사)
《한국의 버섯》(농촌진흥청 농업과학기술원, 2008, 김영사)
《한국의 버섯 도감 I》(이태수 · 조덕현 외, 2010, 저숲출판)
《한국의 버섯 목록》(한국균학회 균학용어심의위원회, 2013, 사단법인 한국균학회)
《한국의 식용 · 독버섯 도감》(조덕현, 2009, 일진사)
《한라산의 버섯》(김양섭 · 석순자, 2005, 제주도농업기술원)

《450 champignons》(Andreas Gminder, 2008, Delachaux et Niesté)
《Champignons filamenteux d'Interet medical》(St. Germain, 1996, Star Pub Co)
《Champignons》(Dr Robert hofrichter, 2000, Hachette Littérature)
《Champignons》(Eleanor Lawrence, 1991, GRUND)
《Champignons》(Jakob Schlittler, 1972, Editions Silva, Zurich)

《Complete mushroom book》(Garluccio Antonio, 2005, Quadrille Pub)
《Guia de hongos de la peninsula iberica》(Gabriel Moreno, 2010, OMEGA)
《How to identify edible mushrooms》(Patrick Harding, 1996, Harper Collins publishers)
《Larouse des champinons》(Guy Redeuilh, 2004, LAROUSSE)
《Mushroom cultivator》(Stamets · Paul · Chilton, 1984, Agarikon Press)
《Mushrooming without fear》(Schwab, 2007, Sterling Pub Co Inc)
《Mushrooms and Other Fungi of Great Britain and Europe》(Roger Phillips, 1989, PAN BOOKS)
《The book of the mushroom》(Defries, 2006, Lightning Source Inc)
《The Concise Illustrated Book of Mushrooms and Other Fungi》(David Pegler, 1989, GALLERY BOOKS)

《カラー版 きのこ図鑑》(本郷次雄 · 幼菌の会, 2001, 家の光協会)
《きのこ》(本郷次雄 · 伊澤正名 · 上田俊穂, 2006, 山と溪谷社)
《きのこのほん》(鈴木安一郎, 2010, PIE BOOKS)
《きのこの採り方 · 食べ方》(瀬畑雄三, 2006, 家の光協会)
《きのこ-季節と發生場所ですぐわかる》(小宮山勝司, 2010, 永岡書店)
《きのこ図鑑》(本郷次雄 · 上田俊穂 · 伊擇正名, 2010, 保育社)
《きのこ採りナビ図鑑》(大海淳, 2005, 大泉書店)
《見つけて樂しむきのこワンダーランド》(吹春俊光 · 大作晃一, 2004, 山と溪谷社)
《京もキノコ!》(高山 榮, 2009, 京都新聞出版センター)
《森のきのこ》(小林 路子, 2007, 岩崎書店)
《森のきのこたち(種類と生態)》(紫田 尙, 2006, 八坂書房)
《原色日本新菌類図鑑(1)》(今關六也 · 本郷次雄, 2003, 保育社)
《日本のきのこ》(今関六也 · 大谷吉雄 · 本郷次雄 · 伊沢正名 2005, 山と溪谷社)

참고한 누리집

Index Fungorum http://www.indexfungorum.org/
국가생물종지식정보시스템 http://www.nature.go.kr/
국립농업과학원 http://www.naas.go.kr/
한국의 버섯 http://www.koreamushroom.kr/
한국임업진흥원 https://www.kofpi.or.kr/

글 | 석순자
1965년 해남에서 태어났습니다. 전남대학교에서 화학을 공부했고, 성균관대학교에서 식품생명자원학 박사 학위를 받았습니다. 지금은 국립농업과학원 농업미생물 팀에서 버섯을 연구하고 있습니다. 《우리 산야의 자연 버섯》, 《독버섯 도감》, 《한국의 버섯》, 《버섯학》 들을 냈습니다.

그림 | 권혁도
1955년 경북 예천에서 태어났습니다. 추계예술대학교에서 동양화를 공부했습니다. 1995년부터 우리 자연 속에서 사는 동식물을 세밀화로 그리고 있습니다. 《곤충 도감》, 《세밀화로 보는 사마귀 한살이》, 《세밀화로 보는 호랑나비 한살이》 들을 그렸습니다.

그림 | 김찬우
1976년 서울에서 태어났습니다. 서울대학교에서 동양화를 공부했습니다. 동화책 《민들레 꽃집이 된 밥솥》, 《나와 다르지만 소중한 너》, 《3호실의 죄수》, 《사도 바울 이야기》를 그렸습니다.

그림 | 이주용
1967년 서울에서 태어났습니다. 대학교에서 서양화를 공부했습니다. 2002년부터 동식물 생태를 주제로 세밀화를 그리고 있습니다. 《개구리와 뱀》, 《양서 파충류 도감》, 《갯벌 도감》 들을 그렸습니다.

그림 | 임병국
1971년 인천 강화에서 태어났습니다. 홍익대학교에서 서양화를 공부했습니다. 제1회 보리 세밀화 공모전에서 대상을 받은 것을 계기로 세밀화를 꾸준히 그리고 있습니다. 《산짐승》, 《약초 도감》, 《풀 도감》 들을 그렸습니다.

기획 | 토박이
토박이는 우리말과 우리 문화, 그리고 이 땅의 자연을 아끼고 사랑하는 이들을 위해 좋은 책을 만들고자 애쓰는 사람들의 모임입니다. 그동안 《보리 국어사전》과 〈겨레 전통 도감〉 다섯 권을 만들었고 세밀화로 자연의 모습을 담은 《새 도감》과 《버섯 도감》을 펴냈습니다. 〈온 겨레 어린이가 함께 보는 옛이야기〉 그림책 스무 권도 만들었습니다.